세계가 존경하는 인권 지도자

만델라 리더십

유한준 지음

청소년 멘토 시리즈

Nelson Mandela

NELSON MANDELA

용서하고 화해하라
Forgive and Reconcile

BOOK STAR

민족 화해의 상징, 흑인들의 태양 만델라

넬슨 롤리랄라 만델라Nelson Rolihlahla Mandela는 백인들의 흑인 인종 차별을 반대하는 시민운동에 앞장서다가 감옥에서 청춘을 보내며 파란만장한 삶을 살았다.

평등선거 시행 이후 남아프리카공화국의 첫 흑인 대통령으로 선출되었으며, 세계 최초의 흑인 대통령이자 흑인 인권운동 지도자의 기록도 세웠다.

만델라는 남아프리카공화국 케이브 지방 트란스케이 움타타에 위치한 작은 마을 음베조에서 코사어를 쓰는 템부족族 추장의 아들로 태어났다.

고향에서 어린 시절을 보낸 만델라는 젊은 시절 아프리카 민족회의ANC의 지도자로서 아파르트헤이트에 반대하는 운동을 이끌었다. 이 운동은 남아프리카공화국의 백인 정권에서 자행하던 흑인 인종차별에 맞선 시민들의 투쟁이었다.

이 운동을 이끌었다 하여 반역죄로 체포되어 종신형을 선고받았던 만델라는 27년 동안 감옥살이를 하면서도 남아프리카 흑인들의 우상이자 태양으로 존경을 받았다. 감옥에서 풀려난 뒤 1994년 4월 선거에서 대통령으로 선출되는 영예를 안았다.

만델라는 남아프리카공화국 대통령으로 취임한 뒤, 곧바로 진실과 화해위원회TRC를 결성하여 흑인들을 차별하고 압박했던 백인 정부 사람들을 용서하고 그들과 화해를 이루기 위하여 과거 역사를 청산하는 일을 착수하였다.

성공회 주교인 데스몬드 투투 주교를 포함하여 각계 지도자들이 진실과 화해위원회를 맡아 백인 정책에서 시행하였던 수많은 과거사 관련 자료들을 수집하고 그 내용을 조사하였다.

인종차별이 만연했던 시절, 흑인들의 인종차별 반대 투쟁을 이끌었던 흑인 지도자들을 화형에 처하고 총살시키는 등 잔악한 방법으로 탄압한 국가 폭력 가해자를 가려내었다. 그런 사람들 가운데 진심으로 죄를 고백하고 뉘우친 인사들에게 관용을 베풀고 사면하였다.

한편으로는 피해 가족들에게 경제적인 보상까지 하였고, 피해자 가족들의 요청에 따라 피해자 무덤에 비석을 세워 그들의 숭고한 인권 옹호와 평화정신을 영원히 기리도록 하였다.

부당한 인종차별에 항거하여 흑인들도 백인들과 동등한 인권을 가지고 자유와 평화를 누리도록 길을 열어준 만델라는 이 운동으로 노벨평화상 등 여러 상을 수상하였다.

만델라가 서거하자 한국을 비롯하여 미국, 러시아 등 세계 100여 나라의 정상들이 애도를 표하였고, 그의 국장國葬 장례식에도 많은 지도자들이 참석하여 그의 위대한 업적을 추모하였다.

맨주먹으로 목숨을 걸고 백인들의 흑인 인종차별에 대항하였고 마침내 그 뜻을 이루면서, 민족 화해의 상징이자 아프리카 흑인들의 태양으로 추앙받은 지도자였다.

고난과 역경의 삶을 살면서 인간 평등의 정신으로 흑인과 백인 간의 갈등을 풀고 평화와 상호 공존의 위대한 업적을 이룩한 만델라는 조용히 세상을 떠났다.

그러나 인종차별 정책을 평화적으로 종식하고자 몸부림쳤던 그의 95세 생애는 아프리카 현대사와 함께 세계인의 가슴에 오래 기억될 것이다.

만델라의 파란만장한 생애를 다시 보고 배우면서, 세계 평화 증진과 국가와 민족을 사랑하는 마음을 길러 가기를 바란다.

유한준

II 불타는 신념

III 불행과 시련

IV 하늘의 뜻

V 협상의 리더십

넬슨 만델라의 생애

- 생애 : 1918년 7월 18일~2013년 12월 5일 95세
- 직업 : 흑인 인권 지도자, 변호사, 남아프리카공화국 제8대 대통령

  대통령 재임 : 1994년 5월 10일~1999년 6월 14일
- 출생지 : 남아프리카 연방 트란스케이 음베조
- 사망지 : 남아프리카공화국 요하네스버그 자택
- 정당 : 아프리카 민족회의 ANC
- 학력 : 트란스케이 소학교 입학

  클라크뷔리 중등학교에서 백인 중심의 교육을 받음

  포트헤어대학에서 법학 전공 중 학생운동을 하다가 퇴학

  요하네스버그에서 법률사무소에 근무하며 고학으로 법률 공부

  런던대학교, 남아프리카대학교, 위트워터스랜드대학교

  베이징대학교 등에서 명예박사 학위 수여
- 종교 : 감리교
- 배우자 : 에블린 메이즈와 이혼 후, 위니와 재혼-이혼, 마셀과 결혼
- 저서 : 《자유를 향한 긴 여정》, 《험난한 자유의 길》,

  《나는 죽을 각오가 되어 있다》, 《만델라 전기》 등 다수

 주요 경력

- 1952년 : 변호사, 흑인을 위한 법률상담소 설립, 흑인 인권운동 전개

  시민 불복종 저항운동으로 2일간 구금
- 1956년 : 시민 불복종 캠페인, 자유헌장 수정 등의 반역죄로 체포당함
- 1960년 : 긴급사태 선포 직전 폭력 시위 선동죄로 체포됨
- 1962년 : 요하네스버그로 피신, 거주지 명령 위반 및 사보타주 혐의로

  체포됨

  반란 선동죄로 3년형을 받고 프리토리아 형무소에 수감
- 1964년 : 국가 반역죄로 종신형 선고받음. 이후 감옥에서 70회 생일을

  맞이함
- 1990년 : 27년의 감옥살이에서 출소. 프랑스, 인도, 유럽 등 순방

  인도 최고 명예훈장 honorary BR 받음

- 1991년 : 남아프리카 민족회의 의장 취임
- 1993년 : 남아프리카공화국 최초 1인 1표 투표제와 아파르트헤이트 폐지 결정

  인종차별_{아파르트헤이트} 폐지에 대한 공로로 노벨평화상 수상
- 1994년 : 남아프리카공화국 최초 흑인 참여 자유총선거에서 대통령으로 선출
- 1995년 : 영국 명예 '오더 오브 메리트' 받음
- 1999년 : 국회에서 정계 은퇴 연설
- 2002년 : 아파르트헤이트 철폐와 인권운동 공로로 '프랭클린 루즈벨트 4개 자유상' 수상

01

아름다운 도전

01 촌뜨기 소년의 꿈

"우리는 왜, 왜 깜둥이일까?"

음베조 돌무덤 마을 촌뜨기 소년들은 거울을 보고 또 보았다.

피부는 새까맣고 머리카락은 뽀글뽀글한 곱슬머리다.

이는 새하얗고 눈빛만 반짝거렸다.

"우리는 왜 깜둥이일까?"

흑인 어린이들은 흑인들만 살고 있는 마을에서는 자기들이 조금도 이상하다는 생각이 들지 않았다.

흔히 검은 대륙이라고 불리는 아프리카의 동남쪽 끝 남아프리카공화국 트란스케이 움타타 템부족 마을 어린이들은 지구촌 다른 나라 사람들도 자기들 모습과 비슷할 것이라고 생각하였다.

흑인 어린이들이 그런 생각을 하던 때는 지금으로부터 불과

100여 년도 채 안 된다.

템부Thembu 족장의 아들로 태어난 만델라도 어린 시절에는 다른 흑인 어린이들의 이러한 생각과 별반 다르지 않았다.

흑인 어린이들은 백인들이 위대한 신과 같은 존재일 것이라고 어렴풋이 생각했다.

"아프리카를 백인들이 다스린다는데?"

"백인들은 신의 자손인가?"

어린 시절 만델라의 고백이었다.

만델라는 물론 그의 또래 친구들도 백인들을 우상으로 삼았다.

그래서 백인과 닮기를 희망처럼 여겼다.

지금 생각하면 우스운 이야기지만 그때는 전혀 놀라운 사실도 아니었다.

너무나 당연한 일처럼 생각하였다.

'아프리카 흑인의 태양'으로, '세계적인 인권 운동가'로, '위대한 사랑과 화해와 용서의 승리자'로 추앙받은 만델라의 생애는 무척 비극적이면서도 훌륭하고 감동적인 한 편의 다큐멘터리 드라마이다.

그는 1918년 7월 18일 태어나, 흑인 인권과 인간 평등을 위한 투쟁으로 생애를 바치고 2013년 12월 5일 95세를 일기로 세상을 떠났다.

그러나 그의 흑인 사랑, 인권 옹호, 평화정신은 인류와 함께 영원히 살아 있을 것이다.

만델라의 고향은 남아프리카공화국 케이브 지방의 일부였던 트란스케이 움타타의 작은 마을 음베조이다.

그의 처음 이름은 '롤리흘라흘라'였다. 이 말은 '말썽꾸러기'라는 의미이다.

왼손잡이에 관심

아버지는 트란스케이의 한 촌락을 다스리는 템부족의 족장이었다. 그때 아프리카의 각 지역 족장들은 여러 명의 아내를 거느렸다. 아버지도 네 명의 아내를 거느렸는데, 세 명은 오른손잡이 여성이고, 만델라의 어머니만 왼손잡이라 특이하게 여겼다.

만델라의 어머니는 왼손잡이의 집이라고 불리는 익시바 씨족의 딸이었다.

만델라는 출생부터 관심을 끌었다. 어머니의 태몽이 요란하다거나 신비스러워서 그런 것은 애당초 아니다.

만델라의 어머니는 '로하바'라는 여성이었다. 이 말은 '문제를 일으키는 사람'이라는 뜻이다.

아버지는 국왕을 옹립하는 데 큰 역할을 한 공신으로 왕자와 같은 대우를 받고 있었다.

그런데 아버지에게 문제가 생겼다.

1920년대 남아프리카 체제에서 모든 추장들은 백인 집정관에게 구역 행정에 관하여 보고할 의무를 갖고 있었다.

아버지는 달아난 소 때문에 날벼락을 맞았다.

어느 날 아버지는 마을 흑인으로부터 고발을 당했다.

고발 내용은 이렇다.

"우리 마을 족장은 소 한 마리가 달아나는데도 붙잡지 않고 도망가도록 내버려 두었다."

이로 말미암아 아버지는 백인 집정관으로부터 출두 통지서를 받았다.

그러나 아버지는 이 명령에 따르지 않았다.

그 이유는 간단한 것이었다.

"소가 달아난 것은 영국 국왕의 법에 도전한 것이 아니라, 우리 템부족 마을의 관습이다."

하지만 백인 집정관은 출두 명령을 어겼다며 고발 사건을 신속하게 일방적으로 처리하였다.

명령에 거부한 반역자로 몰아 재산과 지위를 모두 빼앗았다.

이로써 만델라 집안사람들의 운명은 하루아침에 송두리째 뒤바뀌고 말았다.

그야말로 하루아침에 날벼락을 맞은 것이다.

모든 것을 잃어버린 아버지는 인도양에 둘러싸여 있는 작은 섬마을로 쫓겨나 세 칸짜리 좁은 집에서 살았다.

두 살짜리 아기인 만델라는 네 명의 어머니와 여러 형제자매와 함께 이 좁은 집에서 여러 해를 살았다. 모든 희망이 다 사라진 듯하였다.

그런데 어느 날 행운의 빛이 다가왔다. 국왕을 대신하여 템부 족 마을을 다스리던 섭정은 만델라가 공신의 아들이라며 자기 저택으로 불러들여 희망과 꿈을 안겨주었다.

섭정의 양아들이 되어

섭정은 만델라에게 저스티스Justice라는 새로운 부족 이름을 지어주고, 자기 아들과 동등하게 대우하였다.

이로써 만델라는 아버지의 몰락 이후 처음으로 권력의 혜택을 맛보게 되었다.

만델라는 어른이 된 뒤에 그때 그 사건에 대해 이렇게 말했다.

"그 시대의 흑인 중에는 정당한 일을 하고도 백인에게 벌을 받지 않은 사람은 단 한 명도 없었다. 사건의 전말에 관한 정당한 조사가 없었고, 또한 소가 달아난 그 사건은 도전의 성격이 아니라 원칙과 관습의 문제였다. 우리 아버지가 그때 집정관의 출두 명령에 따르지 않은 것은 잘못이다. 왜 그랬는지? 그 이유를 나는 모른다. 그 때문에 우리 아버지는 한순간에 재산과 지위, 그리고 명예를 모두 잃었다. 그 시대의 기준에 따르면 우리는 꽤 부유한 집이었는데 ……."

어린 만델라는 일곱 살 때 트란스케이 소학교초등학교에 들어갔다. 어머니가 아버지의 낡은 바지로 만들어준 반바지를 입고 학교를 다녔다.

열심히 공부한 만델라는 아프리카에서는 가장 좋다는 명문학교로 알려진 클라그뷔리 중등학교로 진학하였다.

이 학교는 교육 프로그램과 커리큘럼 시스템부터가 달랐다. 회색으로 단장된 교실마다 국왕 조지 5세의 초상화가 걸려 있다. 성경 구절 가운데 격언들을 읊어대며 학생들을 이끌어 주는 교장 선생님, 도수 높은 안경을 콧등에 걸듯 안경을 쓴 선생님 등 모두가 백인들이다.

교육은 철저하게 영국을 모델로, 영국인을 위한, 영국의 교육 개념으로 이루어졌다.

여기서 만델라는 깨달았다. 검은 대륙 아프리카를 발전시키려는 것이 아니라, 영국의 생각대로 아프리카 대륙을 통치하고 영국인의 생각이 가장 앞서 가는 좋은 방식임을 일깨워주려는 교육 시스템이라는 것을 알았다.

소년 만델라는 그것이 옳고 당연할지도 모른다고 생각했다. 그러나 그것이 아니라는 것을 점차 느꼈다.

"유산이 아니라 능력에 따라 자신의 길을 걸어가야 한다! 그 능력은 교육의 힘이다. 백인들을 더 이상 신처럼 생각할 것이 아니라, 그들을 닮고 그들의 능력을 뛰어넘어야 한다."

만델라의 이런 깨달음은 백인 집정관에 의해 추방당한 아버지의 영향이기도 하다.

아버지가 보여준 불굴의 정신과 강한 의지력, 그리고 불타는 정의감을 유산으로 물려받은 것이다.

그러나 이때까지의 소년 만델라는 성적이 백인들을 앞서는 우수한 학생이라기보다는 근면 성실한 촌뜨기 습성을 벗어나지 못하였다.

촌뜨기 만델라 학생의 생각은 뭉게구름처럼 하늘로 몽실몽실 솟아올랐다.

조지 | George 5세 | 1865~1936년

에드워드 7세의 차남으로 해군에서 청소년기와 청년기를 보냈고, 아버지의 뒤를 이어 1910년 국왕에 올라, 1936년까지 영국을 다스렸다.

제1차 세계대전을 거치면서 자유당과 보수당의 당파 싸움을 조정하고 거국내각을 구성하여 정치 안정에 힘썼다. 왕으로 있으면서 1917년 왕가의 이름을 윈저라고 바꾸어 윈저 왕조가 시작되었다.

조지 5세 이후 조지 6세가 1936년에 왕이 되어 1952년까지 다스렸으며, 1952년 엘리자베스 2세가 즉위하여 현재의 여왕 시대로 접어들었다.

02 흑인들의 모델은 백인

백인 사회에 대한 동경

아프리카 사람들에게는 백인들이 우상이자 모델이다.

이는 문명이 미개하였던 옛날은 물론이고 문명이 발달하고 글로벌 시대가 된 현대에서도 그렇게 여기는 흑인들이 많다.

만델라는 대학 진학을 앞두고 마음속으로 다짐하였다.

"교육을 받은 영국 사람들이 바로 우리 흑인들의 모델이다. 우리는 검둥이들이다. 그렇다고 마음속까지 검둥이는 아니다. 백인들보다 더 반짝이는 새하얀 심성을 지니고 있는지 모른다. 그걸 계발해야 한다."

마침내 촌뜨기 흑인 만델라는 소년의 티를 벗고 포트헤어대학교 법학과 학생이 되었다. 말로는 대학인데 교육은 정규 대학교

진학을 위한 준비 과정이나 다름없었다.

백인 중심의 철저한 기독교적 교육을 펴는 학교였다.

"인간은 신을 섬겨야 한다. 신에게 복종하고 우리에게 교육의 은전을 베풀어준 정부에 감사하며 교회의 은혜를 소중하게 받들어야 한다."

만델라의 생각은 점차 현실적인 것으로부터 미래로 달려가기 시작하였다.

포트헤어대학생이 된 만델라는 처음으로 세수할 때 비누를 쓰고, 이를 닦을 때 치약을 사용하였다. 그러니 얼마나 미개하였고 생활 수준이 낮았는지를 짐작하고도 남는다.

그때 라디오 방송도 처음 들었다.

유럽 대륙을 휩쓸고 있는 제1차 세계대전의 실황을 들려주는 영국 BBS 방송이다. 방송 내용은 윈스턴 처칠의 연설을 되풀이해서 들려주는 것이었다.

그 당시 아프리카에서는 라디오가 널리 보급되어 있지 못했다. 그래서 밤마다 라디오가 있는 곳으로 사람들이 몰려들곤 하였다.

그런 이유는 간단하다.

전쟁이 한창 치열해지고 있을 때 남아프리카 사람들이 영국을 열렬하게 응원하도록 유도하여 전쟁의 여론을 유리한 방향으로 이끌기 위해서다.

또한, 식민 통치 지역의 주민들을 교화하기 위한 계산도 포함 되어 있다.

만델라도 그렇게 응원하는 사람 가운데 한 명이었다.

우선 윈스턴 처칠을 훌륭한 지도자라고 여겼고 그를 존경하는 마음이 생겼다.

하지만 영국이 좋아서 그랬던 것은 아니다. 영국에 대한 감정 은 결코 좋지 않았다.

만델라는 비록 교육받은 백인들을 흑인들의 모델이라고 여기 기는 했지만, 남아프리카 민족의 역사와 전통을 사랑하였고, 검은 피부색을 부끄러워하지 않았다.

검은 것이 아름답다!

대학생이 된 만델라는 역설적이고도 자조적인 '검은 것이 아 름답다'는 이 격언의 의미를 결코 가볍게 여기지 않았다.

"내가 할 수 있는 일, 해야 할 일은 내 모습 그대로 나라를 위해 일하는 것이다."

이렇게 마음먹은 만델라는 무엇보다도 영어를 완벽하게 해야 하고, 그 다음은 조국과 민족을 위해 몸 바쳐 일하는 것이라고 생각하였다.

그래서 선택한 과목이 네덜란드 법이다.

그 당시 남아프리카 행정과 법 체제를 지배하는 법률은 바로 네덜란드 법이었다.

더구나 그때 남아프리카 사람들에게는 법률을 공부하고 사법부의 관리가 되는 것이 최고의 꿈이었다.

사법부 관리보다 더 좋은 직종은 없다고 여겼다.

그래서 대학교 졸업학위를 곧 출세의 열쇠로 생각하고 있었다.

대학교 2학년 겨울방학 때의 일이다.

친구 폴 마하바네와 함께 우체국에 있었는데, 그때 나이 지긋한 백인 신사가 폴에게 우표를 사 오라고 시켰다.

그때 백인들이 흑인들에게 하찮은 잡일을 시키는 것은 아주 평범한 일이었다.

그 백인은 폴에게 약간의 심부름값을 주려고 하였는데, 폴은 이를 사양하고 받지 않았다. 폴은 흑인들에게 매일같이 쏟아지는 치사한 모욕으로부터 벗어나고 싶었다.

그런 모욕을 운명이라고 여기며 감수해서는 안 된다고 생각했던 것이다.

그 신사는 자기가 무안을 당했다고 느꼈는지 얼굴을 붉히며 화를 냈다.

"왜 사례비를 거절하나? 예의가 없군!"

그 순간 난처해진 사람은 폴이 아니라, 옆에 있던 만델라였다.

만델라는 나중에 그때 그 일에 대하여 이렇게 말하였다.

"나에게 그 일이 떨어졌다면 우표 심부름을 한 뒤, 그 일 자체를 곧 잊어버렸을 것이다."

만델라의 생각은 식민정책의 억압으로부터 해방이나 기존 질서에 도전하는 것이 아니라, 공손하고 현실과 타협하는 것이 오히려 편하다는 생각을 더 많이 하고 있었다.

그렇다고 비굴한 삶을 살아갈 수는 없다고 굳게 다짐하였다. 그러나 만델라의 이런 생각은 점차 틀렸다는 쪽으로 기울어갔다.

학생운동을 하다가 퇴학당하다

어느 날 포트헤어대학교에서 아주 사소한 다툼이 벌어졌다. 학생 대표 회의에서 벌어진 일이다.

그때 만델라는 학과 대표로 회의에 참석하고 있었다. 회의는 학생들의 자율권을 보장하는 문제를 다루었다.

만델라는 학생들의 요구를 학교에서 당연히 받아주어야 한다고 주장하였다.

"학생들에게 학문의 자율권을 보장하라! 우리들의 정당한 요구를 학교에서 받아주지 않는다면, 학교 수업을 보이콧하겠다."

참석한 5명의 학생 대표들이 모두 찬성하였다.

그러자 학교에서는 학생 대표들에게 압력과 함께 비난을 퍼부었다.

"만델라 군, 불복종 표시를 철회하라! 그렇지 않으면 퇴학 처분을 내리겠다."

만델라는 한발 물러서면서 이 일로 고민에 빠졌다. 그러다가 학생 대표를 그만두겠다는 사표를 제출하였다.

학장 케어 박사는 만델라 학생의 사표를 받고 매우 불쾌하게 생각하였다. 케어 박사는 학생들로부터 대단한 존경을 받는 분이었다.

"학생 대표들의 요구가 온당하다는 것은 분명하다. 그렇다고 해서 학교 측의 만류를 거절하면 퇴학당한다는 것도 분명하다."

학교에서는 다시 한 번 생각할 기회를 주었다.

"이번 여름방학 동안에 잘 생각하고 학교의 방침에 따르도록 하라."

만델라는 방학을 맞아 후원자인 섭정의 집에서 보내면서 곰곰이 생각해 보았다.

자기의 학생운동이 옳다는 생각에는 변함이 없었다.

자신의 생각을 부족 고관에게 털어놓았다.

그러자 고관은 버럭 화를 냈다.

"학교 방침에 무조건 따라야 한다. 방학이 끝나면 즉시 학교로 돌아가 사과하라!"

결국, 물러서라는 충고였다.

만델라는 지금까지 지녀온 공손한 자세, 제도에 대한 순종의 자세, 이런 것들이 무너져버리는 것을 스스로 느꼈다.

"나 자신이 그다지 중요하게 여기지 않았고, 또한 추상적이며 윤리적인 원칙 때문에 나의 대학 생활을 망쳐 버리게 되는 것일까? 그럴 수는 없지 않은가?"

만델라는 고민을 계속하다가 학교의 요구에 따르지 않기로 마음먹었다.

가을 학기가 시작되었다.

포트헤어대학은 만델라가 학교의 요구를 거절했다는 이유로 퇴학 처분을 내렸다.

청운의 꿈을 안고 법률학을 공부하던 만델라는 정당한 학생운동을 하고도 학교 측의 방침에 따르지 않았다는 이유로 퇴학당하고 말았다.

퇴학을 당한 만델라에게 또 다른 사건이 벌어졌다.

사실상의 양아버지로 후견인 노릇을 하는 섭정이 만델라를 반항심이 강한 인물이라고 몰아세웠다.

"괜찮은 신붓감이 있으니, 공부를 포기하고 결혼하라!"

섭정은 일방적으로 결혼하라고 강요하는 것이다.

"결혼할 때가 아닙니다."

"쓸데없는 소리 고만해! 착한 신부니 장가들라."

억지로 약혼을 시키려는 것이었다. 하지만 만델라는 이 정략결혼으로부터 탈출하여야 한다는 생각이 앞섰다.

그는 뒷날 이렇게 말했다.

"그는 나의 의견은 묻지도 않았다. 그가 나의 결혼 대상자로 선택하려던 소녀는 내가 꿈에 그리던 여성은 아니었다."

부족의 관습을 어기는 일이 백인들의 인종차별 정책에 저항하는 것보다는 쉽다는 것을 만델라는 잘 알고 있었다. 정략결혼은 그에게는 매우 중요한 문제였다.

그래서 집을 빠져나가겠다는 결심을 하였다.

정략결혼에 반대

만델라는 양아버지인 섭정이 자신의 뜻과는 다르게 강제로 정략결혼을 시키려고 하자 이를 거부하면서 가출을 시도했다. 그러나 처음 가출은 실패하였다.

섭정의 감시망 덫에 걸렸기 때문이다.

몇 차례 시도 끝에 아무도 모르게 집을 나와 요하네스버그로 도망쳤다. 그의 나이 23세 때인 1941년이다.

친구인 저스티스와 함께 둘이서 도망쳤다. 저스티스는 섭정의 아들인데 아버지와 의견이 맞지 않아 만델라와 함께 가출했다.

요하네스버그는 남아프리카공화국 동북부 지역의 도시로 이 나라에서는 가장 큰 도시이다.

해발 1,570m 높이에 있는 도시라 7~8월에도 눈이 내릴 정도이다.

사방에 금광이 많아 세계의 금 시장을 좌우할 정도로 황금의 땅이다.

본래 네덜란드에서 이민 온 보어 사람들이 요하네스버그를 지배하였으나, 금광에 관심을 둔 영국이 보어전쟁 1899~1902년을 일으켜 점령하였다.

이로 말미암아 이 나라의 행정은 프리토리아로 옮겨갔다. 그로부터 제2차 세계대전이 끝날 때까지 쟁탈전과 계엄령이 번갈아 이어지면서 시끄러운 세월을 보냈다.

난생처음 작은 시골에서 큰 도시로 도망쳐온 만델라는 도시 인구의 5분의 1이 백인들인 것을 보고 놀랐다.

금광사업으로 인해 백인들이 많이 들어와 있었던 것이다.

더구나 밤이 되자 전깃불이 낮처럼 환하게 어둠을 밝혔다.

"와! 도깨비불인가?"

"놀라운 천지개벽이다!"

"상상도 못한 별천지야!"

"여기서는 우리에게 무한한 가능성이 있을 것만 같다."

만델라는 친구와 함께 전깃불을 보고 경탄하였다.

달라진 환경에 적응하는 일부터 해결하여야 했다.

여러 곳을 기웃거리며 일거리를 찾아 헤매었다.

아무 연고도 없는 낯선 도시에서, 이제 운명은 180도로 바뀌었다는 것을 실감하였다.

아무런 배경도 없고 그렇다고 대학을 졸업한 것도 아니다.

분명한 것은 정략결혼을 뿌리치고 도망쳐 왔다는 사실뿐이다.

어쨌거나 먹고 잠자야 하는 것부터 해결하는 일이 급한 일이었다.

첫 직장은 야간 순찰원

만델라와 친구는 어렵게 일자리를 구했다.

금광의 야간 순찰원 자리를 얻은 것이다. 순찰병 옷과 부츠를 지급받고, 적은 보수지만 급료를 주당으로 받게 되었다.

그러나 그의 작은 소망은 곧 무너져버렸다. 금광에서의 첫 급료가 마지막 급료가 되고 만 것이다.

금광을 운영하는 영악한 백인들은 이 건장한 흑인들이 남부의 백인 관할구역에서 도망쳐 나왔다는 비밀을 알아낸 것이다.

"도망친 자들을 고용할 수는 없다!"

그들은 금광회사로부터 첫 급료를 받고 쫓겨나고 말았다.

만델라는 요하네스버그에서 어렵게 구한 일자리를 잃었다.

그러나 용기와 희망까지 잃은 것은 아니다.

"신은 우리를 저주하는가? 진정 우리를 버리는 것일까?"

만델라는 하늘을 처다보며 호소하듯 말하였다.

그는 흑인들은 자기들의 땅 넓은 대륙에서 남의 지배를 받으면서, 아니 백인들의 지배를 받으면서 동물만도 못한 대우를 받으면서 살아야 하는가? 하는 의구심이 솟구쳤다.

세상은 공평하지 않다는 것을 다시 깨달았다. 학교에서 법률학을 배울 때 법은 모두에게 공평하게 적용되고, 누구나 지키는 것이며, 모두를 보호해주는 진실한 것이라고 배웠다.

그래서 훌륭한 법관이 되겠다는 생각을 갖고 있었다.

법을 수호하는 사람이 되는 것을 최고의 목표로 삼았다. 그 밖에는 어떠한 것도 생각해 본 적이 한 번도 없었다.

그러나 현실과 사회, 이상과 희망은 일치하지 않고, 인간의 존엄은 신성하며, 사람으로서의 인권은 무척 소중하다는 것도 다시금 느꼈다.

법이 정의를 존중하는 반면 정의롭지 못한 법도 있다는 것을 잘 알고 있다.

만델라는 더 이상 공리적인 상상만을 할 형편이 못 되었다.

당장 먹을 것, 잠잘 곳을 해결하는 문제가 급하였다.

여기저기 일자리를 찾아 헤맨 끝에 드디어 법률사무소에 근무하게 되었다. 법률 기초 공부를 한 사람으로서는 행운이 아닐 수 없었다.

법률사무소에 들어갈 때도 행운의 여신이 도왔다는 생각을 가졌다.

월터 시술루라는 청년을 만나 인터뷰를 한 것이다. 인터뷰는 법률사무소에 취직하기 위해 면접을 보는 것이었다.

그 사람은 학교를 마친 뒤, 목장에서 가축 떼를 돌보는 일을 하다가 광산에서 일했다. 그 뒤로는 은행에 근무하였다.

그리고는 친구 몇 명과 함께 부동산 중개업을 하는 등 무척 다양한 일을 해 왔다.

시술루는 인터뷰 중에 영어를 많이 사용하였다.

"영어를 무척 잘하시네요."

만델라는 시술루가 영어를 아주 잘한다고 생각하며 그에게 존경심을 나타냈다. 그의 영어는 아프리카 사람으로서는 흉내도 낼 수 없을 만큼 술술 부드럽게 말하는 것이었다. 만델라는 그와 인터뷰를 하는 동안 대학 졸업장이 없으면 성공할 수 없다는 사실을 또다시 느꼈다.

시술루는 매우 강하고 이성적이며 현실 감각이 뛰어난 사람 같았다. 어떤 위기 상황에서도 이성을 잃지 않고 침착하게 대처할 능력을 갖춘 사람이라는 생각이 들었다. 활발하게 행동하는 사람, 지능적이고도 판단력이 우수한 사람처럼 보였다. 마치 행동하는 사람과 현명한 사람을 하나로 합쳐놓은 것 같다는 인상을 받았다.

만델라는 그와 인터뷰를 하는 동안 자기의 포부를 거침없이 말했다. 그때 만델라는 손에 쥔 돈이 한 푼도 없었다.

그런 자신으로서는 법률사무소에서 일한다는 것 자체가 우선 다행이라고 여겼다.

급료는 월 12리브르였다. 비록 낮은 급료지만 그 정도를 주는 것도 인간적인 배려를 베푼 것이었다.

만델라는 만족하게 생각하였다. 남부에서 도망쳐온 신분으로 도시에서 생활할 수 있었기 때문이다. 그뿐만이 아니다. 시델스키 변호사는 자기가 입던 좀 낡은 양복도 만델라에게 주었다. 너무나 고마워서 반갑게 받아 입었다. 그만큼 아프리카 흑인들은 자기들의 출생지인 아프리카에서조차 인간적인 대우를 받지 못하였던 시절이다.

만델라는 요하네스버그 알렉사드라 지역의 허름한 방 하나를 얻어 도시에서의 객지 생활을 시작하였다. 다행인 것은 집주인이 매우 착하고 인정 많은 사람이었다. 집주인은 일요일 점심에는 만델라를 꼭 초대하여 함께 식사하면서 마치 식구처럼 대해 주었다.

만델라는 법률사무소에서 성실하게 일하고 있을 때 어느 날 뜻밖의 손님을 맞았다. 아버지나 마찬가지였던 양아버지 섭정이 요하네스버그를 방문한 길에 만델라를 찾은 것이다. 만델라는 섭정을 만나 화해를 하게 되어 무척 기뻤다. 섭정은 너그럽게 용서해 주었다. 정략결혼을 거부한 일, 그리고 도망친 일들을 하나도 묻지 않았다. 만델라로서는 그 일이 무척 고마웠다.

윈스턴 처칠 Sir Winston L.S Churchill, 1874~1965년

영국의 귀족 출신으로 20세기 영국을 대표하는 정치 지도자인 동시에 역사가, 저술가로 이름을 떨쳤다.

샌드허스트 육군사관학교를 졸업한 뒤 장교로 부임하여 야전사령관 등을 거치면서 많은 전공을 세워 유명해졌다.

제대 후 보궐선거에 나섰다가 떨어지고 종군 기자로 활동하던 중에 포로가 되었으나 극적으로 탈출에 성공하였다.

1900년도 총선거에 출마하여 하원의원에 당선되어 정치가의 길로 나섰다. 해군장관, 군수장관, 육군장관, 식민지장관 등을 지냈고, 수상으로 제2차 세계대전을 연합군의 승리로 이끄는데 공헌하며 국제적인 정치 리더십을 보여주었다.

제1차 세계대전을 기록한《세계의 위기》, 1953년도 노벨문학상 수상작품인《제2차 세계대전》등 많은 저서를 남겼다.

만델라와 민족회의

만델라가 '아프리카 민족회의ANC'에 관심을 갖게 된 것은 참으로 우연한 일이었다. 아프리카 민족회의는 남아프리카공화국의 '아프리카인 민족주의 운동조직'이라는 긴 이름을 줄여서 부르는 말이다.

1942년 가을로 접어들었다.

만델라는 친구인 가우어와 이야기를 나누었다.

그때 가우어가 말했다.

"아프리카 민족회의만이 아프리카 사회를 변화시킬 수 있을 거야."

"민족회의는 1912년에 만들어진 토지법을 반대하는 국민 조직 아닌가?"

"응! 그렇지. 하지만 이제는 백인들의 인종차별에 반대하는 운동을 펴고 있어. 많은 사람이 여기에 참여하고 있어."

"인종차별! 그건 정말 큰 문제인데……."

"민족회의에서 용기 있는 청년들을 찾고 있다는군."

만델라는 이 말이 귀에 쏙 들어왔다.

그 뒤 이 운동에 참여한 만델라는 백인들이 지배하는 사회 속에서 탄압받는 흑인들을 위한 변호사로 활동하였다.

한편으로는 백인 정부에 대항하는 투사로 마음을 돌리기 시작
하였다.

남아프리카 백인 정부는 어떤 변호사 한두 사람이 바꾸어 놓을
수 있을 정도의 존재는 아니었다.

만델라는 근본적인 사회제도의 변혁이 이루어져야 한다고 생
각하였다.

그 꿈을 향해 발 벗고 뛰기로 결심하였다.

그가 몸담은 아프리카 민족회의는 철저하게 비폭력 저항 원칙
을 지켜 나아갔다.

만델라 역시 처음에는 인도의 민족 운동가 간디의 무저항주의
를 받아들였다.

아프리카에 사는 모든 사람들이 손에 손을 잡는 민주주의를 건
설해야 한다고 주장하였다.

하지만 시민들의 저항운동 방향과 집회를 여는 문제는 정부의
압박과 통제 정도에 따라 달라질 수밖에 없는 것이었다.

1948년 선거에서, 네덜란드 개혁교회의 목사이자 신문사 편집
장인 다니엘 말란 박사가 이끄는 국민당은, 스뫼츠 장군이 이끄는
통일당을 누르고 승리했다.

이 선거 결과는 만델라의 생각을 바꾸게 하는 계기가 되었다.

백인들의 인종
격리 정책인 아
파르트헤이트
Apartheid에 반대하
게 된 것이었다.

만델라는 아
파르트헤이트에
대해서 이렇게
말했다.

FOR USE BY WHITE PERSONS

THESE PUBLIC PREMISES AND THE AMENITIES
THEREOF HAVE BEEN RESERVED FOR THE
EXCLUSIVE USE OF WHITE PERSONS.

By Order Provincial Secretary

VIR GEBRUIK DEUR BLANKES

HIERDIE OPENBARE PERSEEL EN DIE GERIEWE
DAARVAN IS VIR DIE UITSLUITLIKE GEBRUIK
VAN BLANKES AANGEWYS.

Op Las Provinsiale Sekretaris

| 아파르트헤이트 법, 백인 출입만을 허용한다는 간판

"아파르트헤이트는 새로운 용어 같지만, 전혀 새로운 생각이
아니다. 글자 그대로 분리를 뜻하는 말이다.

여러 세기에 걸쳐서 남아프리카 흑인들의 소중한 인권을 무시
하고 백인들에 비해 아주 열등한 위치에 놓이게 한 나쁜 정책이
다.

모든 억압적 수단과 법규로 만들어낸 제도의 상징일 뿐이다.

그것은 300여 년이 흘러간 지금까지도 이어져 온 아주 잘못된
관습으로, 인종차별이 사회제도로 굳어지는 것을 의미한다. 이 제
도를 개혁해야 한다."

만델라가 주장한 시민 불복종 저항운동의 큰 방향은 무저항주의였다.

인종차별 정책을 악마의 제도라고 규탄하였다.

만델라는 국민적 저항이 더욱 거세어지는 정국 속에서 충격적인 장면을 목격하곤 하였다.

평화적으로 시위하던 시위대에 경찰이 무차별 총격을 가해 수많은 부상자가 생겨나고 18명이 목숨을 잃는 사태가 일어났다.

"아! 이럴 수는 없다! 이래서는 안 된다!"

이 사건으로 만델라는 큰 충격에 빠졌다. 앞으로 겪게 될 엄청난 일들의 전주곡처럼 느껴졌다.

만델라는 이 사건을 계기로 무저항주의의 생각을 때와 장소에 따라 바꿀 필요가 있다고 느꼈다. 그 생각은 바로 무력 투쟁의 필요성이었다. 때로는 무력 투쟁으로 맞서야 하는 경우를 생각하지 않을 수 없었다.

그때 아프리카에도 공산주의 사상이 서서히 뿌리를 내리려는 조짐이 보였다.

그래서 투쟁을 하면서 공산주의를 비롯한 다른 사상을 공부하기 시작하였다.

만델라의 시민 불복종 저항운동은 소수 지배로부터의 해방과

자결권을 위한 아프리카 민족 투쟁을 최우선으로 두었다.

그런 만델라에게 마르크스주의는 상당히 매력적인 사상과도 같아 보였다.

하지만 그는 공산주의자가 될 수는 없었고, 그럴 수도 없다고 확신하였다.

만델라는 어느 순간 비폭력만으로는 자유를 쟁취할 수 없다는 판단을 내리고, 폭력 투쟁으로 노선을 돌리고 조직을 따로 만들어야 한다는 생각을 굳혔다.

이로 말미암아 자유롭게 활동하는 변호사가 아니라 지명수배를 받고 있는 민족운동 투사로서 지하에 숨어 지내는 신세가 되었다.

03 다시 찾은 고향

새로운 고민

1942년 겨울, 만델라에게 슬픈 소식이 전해졌다. 양아버지 섭정이 세상을 떠났다는 비보였다.

만델라는 서둘러 저스티스와 함께 트란스케이로 달려갔다.

고향을 도망쳐온 뒤 1년 반 만에 처음 찾아간 고향이다.

사랑하고 존경하는 사람, 양아버지의 장례식에 참석하기 위해서 도망쳐 나온 고향으로 달려간 것이다.

만델라는 장례식에 참석한 뒤 이렇게 말했다.

"그분은 나에게 큰 기대를 걸었다. 그러나 나는 그를 배신하고 도망쳤다. 내가 도망친 것이 그의 죽음을 앞당긴 것은 아닌지 나 스스로에게 물어보았다."

저스티스도 아버지의 영정 앞에서 오랜 불화를 사죄하고 아버지의 뒤를 이었다.

만델라는 이제 도망자의 신분이 아니라 떳떳한 사람으로 다시 요하네스버그로 돌아갔다.

시델스키 변호사는 만델라를 다시 받아들이면서 말했다.

"우리 법률사무소에서는 만델라가 꼭 필요하다. 정직하고 용감하며 성실함 때문이다. 그러나 한 가지 꼭 유념해야 할 것이 있다. 네가 정치를 하고자 한다면 직업 활동이 어려울 것이라는 점이다. 그건 당국과 문제를 일으키게 되고 모든 고객을 잃게 될 것이라는 점 때문이다."

더구나 법률사무소와 밀접한 관계가 있는 백인 부동산 업자 헨리 밀러는 시델스키 변호사보다 더 솔직하고도 분명하게 말했다.

"만델라! 네가 보다시피 부자가 되는 것은 행복의 열쇠이다. 뭐니뭐니해도 세상을 살아가는 데는 돈이 최고야. 우리는 너와 나를 구별할 것 없이 모두가 돈을 위해 싸우는 게야."

만델라에게는 새로운 고민이 생겼다.

배움에 대한 갈등과, 정치 무대를 향해 상류사회로 진출하고 싶은 욕망, 이 두 가지의 갈림길에 섰다.

공부는 자신의 의지에 달린 것이고, 정치 무대로 가는 길은 기존 질서에 부딪혀야 하는 위험이 따르는 저항의 길이라고 생각하였다.

그러나 먼저 공부를 더 하여 기본 실력과 자격을 갖추기로 마음먹었다.

그래서 낮에는 법률사무소에서 일하고 밤에는 촛불 밑에서 법률을 공부하는데 전념하였다.

배움의 욕구가 가득한 만델라는 법률사무소의 하급 직원으로서 일상적인 심부름 업무와 굴욕적인 보수 등을 감수하는 운명의 길을 뚜벅뚜벅 걸었다.

그때 백인들의 회사나 사무실에서 근무하는 흑인들은 인간 이하의 차별대우를 받는 것을 당연한 운명처럼 여겼다.

점심시간에 더욱 심한 차별대우를 받았다.

백인들이 이용하는 식당에는 들어갈 생각도 못했다.

그래서 건물에 달린 화장실 입구에서 점심을 먹는 것이 보통이었다.

도서관에서도 차별대우는 마찬가지이다. 백인들이 모두 앉은 뒤 빈자리가 있으면 흑인이 앉을 수 있다.

더구나 한심스러운 일은 카페 문 앞에서 벌어졌다.

만델라가 백인 친구들을 따라 카페로 가면, 예외 없이 입장 거부를 당하곤 하였다. 이유는 그럴듯하게 내걸었지만, 억지일 뿐이다.

"혁명가들은 입장할 수 없다."

"누가 혁명가란 말인가?"

흑인들을 혁명가로 취급하는 것이다.

그러자 같이 간 백인 친구들이 항의하였다.

"우리 친구는 혁명가가 아니다!"

만델라가 오히려 백인 친구들에게 사정하였다.

"그만두자!"

그런 일이 있은 뒤로는 백인 친구들보다는 인도 친구들과 더 어울렸다.

열차에서 불법행위자로 몰려

어느 날 만델라는 백인 친구들과 함께 기차를 탔다.

그 기차는 아프리카 사람은 이용할 수 없는 기차였는데, 만델라가 실수를 저지른 것이다.

차장은 즉시 내리라고 명령하였다.

일행이 같이 가야 한다며 거부하자 차장이 경찰을 불렀다.

만델라는 불법행위자로 몰렸다.

경찰이 물었다.

"이름은?"

"만델라입니다."

"이름과 성을 함께 말하라."

"넬슨 만델라."

"직업은?"

"법률사무소 직원 ……."

"변호사 심부름꾼이군."

질문은 계속 이어졌다.

경찰은 대수롭지 않은 인신공격성 질문만 하는 것이었다.

만델라는 마치 어린이를 대하듯 차별하는 경찰의 질문에 굽실대거나 순종하는 태도를 버리고 당당하게 대응하였다. 그러면서 마음속으로 조용한 분노와 저항이 부글부글 끓어올랐다. 그럴수록 배워야 한다는 열정만 타올랐다.

"아프리카 사람들이 인간 이하의 대우를 받는 것은 흑백을 떠나서 배우지 못한 탓이 더 크다. 우리 흑인들도 교육을 받으면 백인들 못지않게 국제사회에 공헌할 수 있다. 요하네스버그는 남아프리카에서도 으뜸가는 황금 도시이다. 그런데 백인들이 점령하여 그들만의 세상으로 바꿔놓았다."

만델라는 두 주먹을 불끈 쥐었다.

양아버지 섭정의 장례에 참석하고 다시 오하네스버그로 돌아

온 지도 1년이 흘렀다.

"더 머뭇거리는 것은 조국에 대한 배신이다!"

만델라는 일어섰다.

04 고학으로 변호사가 되다

변호사의 꿈을 안고

"나는 변호사가 되는 것이 꿈이다."

만델라는 시델스키 변호사 사무소에서 일하는 동안 변호사의 꿈을 더욱 강하게 다졌다. 시델스키 변호사의 여비서는 만델라를 항상 친절하게 대해 주었다. 그 비서는 첫인상이 매우 부드러운 백인이었다.

"열심히 하세요. 여기서는 피부색에 대한 경계가 없어요. 능력이 최고입니다."

이렇게 하여 법률사무소에서 더욱 열심히 일하게 되었다.

시델스키 변호사는 세 명의 친구들과 함께 법률사무소를 운영하고 있는데, 그들 세 명이 모두 유대인이었다.

만델라는 뒷날 법률사무소 변호사에 대해 이렇게 말했다.

"그 사람은 나를 인간으로 대해준 최초의 백인이다.

더구나 유태인들이 백인들보다 더 인종 문제와 정치적 분쟁에서 개방적이고 따뜻했다."

법률사무소에서 만델라가 하는 일은 여러 가지 잡일을 맡아 하는 심부름꾼이었다. 특히 흑인과 관련된 계약 문서를 작성하고 이를 변호사에게 보고하는 서기였다.

부동산 판매나 대부에 관한 저당권 설정 등도 만델라가 하는 일이다. 여기서 일하는 동안 만델라는 정치적으로 매우 자유가 보장되어 있다는 것을 느꼈다.

그리고 대학교 졸업학위가 없으면 변호사는 물론 변호사의 정식 시보도 될 수 없다는 것을 알았다.

법률사무소는 아프리카 사람들을 대상으로 법률적인 업무를 취급하면서 막대한 이익을 챙겼다. 그러나 아프리카 사람들은 부스러기 같은 작은 이익만을 얻을 수 있다는 것도 알았다.

법과대학에 진학

오랜 역사와 전통을 자랑하는 명문대학교인 비트바테르스란트 대학교 법학과에 등록하였다.

|변호사 시절의 만델라

　그 시절 남아프리카에는 대학교도 백인들이 다니는 학교와 흑인들이 다니는 학교가 따로 있었다.

　비트바테르스란트 대학교는 흑인이나 백인, 인도인을 구별하지 않고 누구나 능력에 따라 입학할 수 있는 학교였다. 그래서 사람들은 '복합 인종 대학교'라고 불렀다.

　만델라는 이 대학교에서 인간적 사상, 정치적 신념을 갈고 닦는 한편 토론과 대화를 통해 협상의 리더십을 길러 나갔다.

　새로운 학문과 사상에 눈을 뜨고 정치적 인생의 길로 접어드는 싹이 튼 것이다.

대학교 재학 중에 자유주의, 사회주의, 공산주의 등 수많은 사상을 두루 접하는 기회를 얻었고 미래의 지도자로 활약할 동료들을 사귀었다.

그 가운데 한 사람이 바로 뒷날 남아프리카 공산당의 서기장으로 활동한 조 솔로보였다.

그러면서도 변호사가 되기 위한 공부에 충실하였다.

비트바테르스란트 대학교에서 쌓은 경험은 바로 만델라의 정치적 식견을 풍부하게 다져주는 자산이 되고 그 바탕이 되었다.

대학교 재학 중에 하홀로 지도교수가 만델라에게 말한 일화는 법학과의 이념과 정통성을 뒤엎는 말로 전해지고 있다.

하홀로 교수는 만델라에게 리포트를 던지며 꾸짖었다.

"만델라! 이걸 리포트라고 제출하였나? 법과대학생의 자질이 의심스럽다."

그렇게 분노하는 교수에게 변명할 생각조차 없었다. 변명해 본들 구차스럽기만 할 것이 너무나 뻔했기 때문이다.

교수의 이 말은 한마디로 흑인들을 완전히 무시한 악에 찬 심술이라고 학생들이 쑥덕거렸다. 금세 날개를 단 듯 퍼져 나갔다.

그 교수는 흑인이나 여학생은 법률가로서의 자질이 부족하다는 생각을 종교적 신념처럼 가졌던 교수로 유명하다.

교수의 분노에 찬 한마디가 뒷날 만델라를 정치 무대로 들어서게 한 자극제가 되었다.

하홀로 교수가 왜 그런 낡은 생각을 하였는지 모른다.

흑인은 법률가가 될 수 없다고 생각하는 것은 개인적인 자유라고 할 수 있다. 그러나 법과대학 교수가 그런 말을 한다는 것은 확실하게 잘못된 것이다.

아마도 오늘날 법과대학 교수가 그런 말을 한다면 정신 나간 교수라고 학생들로부터 거센 항의를 받고도 남을 일이다.

만델라는 이런저런 수모를 당하면서도 공부에 전념하였다.

그러나 위기가 다가왔다. 만델라의 지갑이 바닥난 것이다. 공부를 중단해야 할 판이다. 법률가가 되려는 꿈이 무너지는 것 같았다.

그때 운명의 미소가 다가왔다.

친척의 소개로 백인 판사 출신 빅터 디킨스를 만났다. 변호사를 하면서 부동산 소개업도 하고 있었다.

만델라는 그를 만나 부동산 업무 일을 하면서 공부를 계속할 수 있게 되었다. 6년간 공부한 뒤 비트바테르스란트 대학교 법학부를 졸업했다.

드디어 변호사가 되다

만델라는 비트바테르스란트 대학교에서 법학을 전공한 뒤 1952년에 정식 변호사 자격을 얻었다.

정식 변호사가 된 만델라는 탐보와 함께 요하네스버그에서 백인이 아닌 사람으로서는 맨 처음으로 법률사무소를 열었다.

사무실을 아프리카 민족회의가 들어 있는 낡은 건물에 차렸다. 민족회의 사무실에는 서기장인 월터 시술루가 날마다 근무한다.

이 법률사무소는 요하네스버그를 넘어 남아프리카공화국에서는 사실상 아프리카 사람들을 위한 최초의 흑인 변호사 법률사무소였다.

만델라는 법률사무소 한쪽 창문에 큰 글씨를 써 붙였다.

"억울하게 괴롭힘을 당하거나 포위를 당할 때에는
자신의 정당함을 숨기지 말고 맞서는 것이 중요하다."

만델라와 탐보는 고통 받고 억압당하는 흑인 피해자들을 변호하는 일에 열성을 다 바쳤다.

그의 변호사 사무실에는 수백 년 동안 대대로 살아온 작은 땅덩어리를 빼앗기고 쫓겨난 사람들, 맥주를 팔지 못하게 된 사람들, 노동 현장에서 쫓겨난 노동자들이 날마다 찾아와 줄을 서며 기다렸다.

이런 현상이 날마다 이어지자 백인들은, 민족회의 건물에 드나드는 사람들을 매우 언짢은 시선으로 바라보았다.

더구나 만델라가 법률사무소 유리창에 써 붙인 문구를 매우 못마땅하게 여겼다.

그러나 만델라와 탐보는 그런 백인들을 비웃듯이 변호사 업무를 열성껏 보았다.

두 사람의 흑인 변호사는 찾아오는 백인이 아닌 사람들의 고통을 마치 자기들 일처럼 정성을 다하여 도와주는데 힘썼다.

'멋쟁이 변호사'로 인기

어느 날 만델라는 말했다.

"평범한 남아프리카 사람들이 일상생활에서 백인들에게 이유 없이 당해야 하는 억울함과 굴욕에 관한 이야기를 듣고 알게 되었다. 참으로 어처구니없는 일이요, 분통이 터지는 일이다."

만델라가 변호사로 처음 활동할 때, 백인 정부는 남아프리카에 여러 가지 통제를 선포하였다.

「인구규제법」을 만들어서 남아프리카의 모든 사람을 인종적으로 구분하는 규정을 만들었다.

흑인과 백인을 완전히 차별하는 잣대를 마련한 것이다.

모는 성인들은 통행증을 소지하라.

백인과 흑인들의 편의 시설을 분리한다.

흑인 교육 프로그램을 별도로 한다.

원주민 정착령을 실시한다.

이에 대해 만델라는 "참으로 무서운 조치"라고 반박하였다. 그가 일일이 지적한 사항은 이렇다.

"모든 어른은 통행증이 있어야만 이동할 수 있다. 이는 완전한 속박이다.

편의 시설도 흑인들만 이용할 수 있는 곳을 따로 만들었다. 백인들과 근본적으로 분리시키는 제도다.

교육 프로그램은 반투Bantu 교육령이라는 이름으로 흑인들을 따로 교육시키는 법령이다. 흑인들은 백인들과 함께 공부할 수 없다는 것이다.

원주민 정착령은 백인 거주 지역으로 선포된 곳에서는 흑인이 거주할 수 없다. 여기에 거주하는 흑인들은 다른 지역으로 강제로 이주시키겠다는 법령이다."

만델라의 이런 지적들은 그대로 맞아떨어졌다.

통행증 제도가 시행되면서 남아프리카의 모든 성인들이라면 반드시 통행증을 지녀야만 움직일 수 있게 되었다.

통행증 소지가 의무 사항이 된 것이다. 이동할 때마다 점검과 확인의 대상으로 이용되었다.

그렇게 시끄럽게 보내는 가운데 교통수단과 공공장소에서의 흑인과 백인을 구분하는 입법을 고시하고 흑인에게는 특별교육 프로그램을 부과하였다.

그뿐만이 아니다. 원주민 정착령이라는 이름으로 백인들이 거주하는 지역 안에서는 흑인들이 거주할 수 없게 만들었다.

더구나 흑인들은 백인들과 동등한 직업에서 함께 일할 수 없게 만들었고, 직장에서 흑인은 백인보다 높은 자리에 오를 수 없게 만들었다.

그런 가운데 이런 나쁜 규제법을 만든 스트레이돔 총리가 죽고, 헨드릭 페르부르트가 새 총리로 취임하였다.

그는 네덜란드 계통의 목사 아들로 교수 출신인데, 나치에 동조하여 이름을 떨친 신문사 편집인이었다.

그가 총리로 취임하여 아프리카 흑인들을 차별하는 아파르트헤이트 정책을 완성시켰다.

만델라는 아파르트헤이트 정책에 반대하며 시민 불복종 저항운동에 앞장섰고, 흑인들을 위해 열심히 일하는 변호사로 이름이 났다.

이런 만델라에 대해 흑인들은 말할 것도 없고 백인이 아닌 사람들도 만델라는 '멋쟁이 변호사'라고 불렀다.

만델라의 인기는 점점 치솟았다.

유명한 디자이너가 만델라를 위해 특별히 아프리카를 상징하는 수놓은 블레이저 코트를 만들어 주기도 하였다.

아파르트헤이트 Apartheid

'격리'를 의미하는 아프리카 말. 남아프리카공화국에서 시행하였던 인종차별 정책 및 그 제도를 가리킨다.

백인 정부는 흑인과 아시아 계통의 인종을 정치, 경제, 문화 등 모든 면에서 차별하였다. 1910년 영국 주도 아래 남아프리카 연방이 성립된 뒤 광산노동법을 만들어 인종차별 정책을 처음 실시한 것이 그 발단이다. 1912년 아프리카 국민회의가 결성되어 인종차별 정책에 반대를 하면서 흑인 해방운동을 전개하였다.

인종간통혼금지법, 부도덕금지법, 주민통행증의 패스법, 공공시설분리법, 토지법, 집단거주법, 인구등록법 등 여러 법으로 흑인들을 차별하였다.

이에 강력 반대한 민족회의 지도자 만델라가 27년간 감옥살이를 마치고 1994년 대통령이 되면서 아파르트헤이트가 없어졌다.

흑인 통제 반대운동

만델라는 마르크스주의자들과 토론을 통해 자신의 부족한 점을 깨달았다.

그래서 마르크스, 엥겔스, 스탈린, 마오쩌둥과 그 밖의 서구 사회를 이끌었던 여러 지도자들의 자서전을 구입하여 읽었다.

그 많은 책들을 읽느라고 녹초가 되었다고 말했다.

"계급이 없는 사회, 모두가 평등한 세상을 꿈꾸며 《자본론》을 읽었다. 그 책에 푹 빠졌다. 잉여가치론은 광산 채굴에 대한 교과서와 같았다. 함께 공유하는 공동체 생활을 들먹인 이론에서는 전통적인 노동 착취 시장인 아프리카 대륙 사회와 같다는 느낌을 받았다."

그때 남아프리카공화국에서는 1950년에 받아들였던 공산주의를 내쫓는 축출령을 내렸다. 공산주의가 백인들에게 반기를 들고 흑인 사회를 조종한다고 보았기 때문이다. 더는 효용가치가 없다는 판단에서다.

만델라는 공산주의 사상을 신봉한다면 적어도 10년 징역형을 받을 것이라는 생각이 굳어졌다.

"공산주의는 이유 없이 물러가라."

이로 말미암아 민주주의와 인권운동을 내세운 다양한 정치 세력들이 여기저기서 마구 생겨났다.

이와 함께 만델라와 시슬루가 시민 불복종 강령을 민족회의에 제안하였다.

이는 간디의 비폭력 운동을 본뜬 것이다.

만델라는 시민 불복종 강령을 만든 이유를 설명하였다.

"마음대로 여행할 수 있는 자유가 통행증으로 묶였다.

자유롭게 거주할 수 있는 자유가 통제되고, 흑인들에게 별도의 교육을 시킨다는 것 등은 모두가 흑인들을 엄격하게 규제 통제하고 분리시키려는 꼼수다!"

만델라는 이렇게 분노하면서 흑인 통제 반대운동을 전개하였다.

"흑인 통제제도 반대운동을 펴자!"

만델라는 6만 명의 거주민을 대상으로 서명운동을 펴는데 앞장섰다.

이 운동은 흑인 사회를 이끌어 가는 주요 인사들이 공동으로 추진한 것인데, 그 한가운데로 만델라가 들어섰다.

흑인들의 서명운동이 활발해지자 경찰이 집중 단속에 나섰다.

경찰은 이참에 아예 그 뿌리를 뽑아버리겠다는 방침이었다.

한편으로는 백인 거주 지역에서 흑인들을 추방하는 일이 진행되었다.

백인들이 흑인들과 함께 살기를 꺼리면서, 흑인들을 백인 거주지로부터 20km 이상 떨어진 곳으로 강제 이주시키는 것이다.

이유는 매우 그럴듯하였다.

"흑인 이주는 새로운 거주지 마련을 위한 정책적 조치이다. 도시 정화 프로그램 차원에 국한된 것만도 아니다. 이 지역들은 수년간 아프리카 사람들의 저항운동 중심지였다. 그들에게 새로운 삶의 쾌적한 공간을 제공한다는 일은 국가의 의무이며 너무도 중대한 사안이다."

그러나 한마디로 흑인들을 내쫓는 것이었다. 흑인들은 이를 강력하게 반대하였다.

"말도 안 된다. 흑인들을 한 곳으로 몰아 놓고 통제하려는 수법이다."

"거주의 자유를 박탈하는 처사이다."

하지만 당국은 흑인들의 반대를 무시했다.

흑인들은 만델라가 자기들의 억울함을 대신하고 풀어줄 사람으로 믿고 여기면서 존경하였다.

만델라에게서 '국왕의 이미지'를 보았다며 존경하는 사람이 많았다.

그만큼 남아프리카 사람들은 만델라를 자신들을 대신할 미래의 지도자로 꼽은 것이다.

어떤 사람은 남아프리카가 독립되면 만델라가 틀림없이 '초대 대통령'이 될 것이라며 열렬히 지지하였다.

아프리카 민족회의 내부에서도 만델라의 인기는 점점 높아지면서 미래를 이끌 중요한 인물로 떠올랐다.

민족회의에서는 아프리카 정부에서 추진하는 새로운 정책들에 대하여 어떻게 비판하고 또 평가하여야 할 것인가를 놓고 고민하고 있었다.

무조건 반대하면 더 가혹한 압박이 가해질 것이 뻔하였다.

그렇다고 예전 방식대로 추종하는 모습을 보여준다는 것은 아무 의미가 없다는 것도 잘 알고 있다.

그 반대인 총궐기 시위로 나선다면 자살행위와 다를 것이 없다는 것을 부인하지 않았다.

02

불타는 신념

01 가혹한 인종차별

언어 장벽을 뚫고

미래의 정치 지도자 만델라는 언어적 장벽이 너무 심했다. 자기 종족의 언어는 유창했지만, 다른 흑인 종족들의 언어를 거의 몰랐다. 다른 종족의 언어를 자신 있게 말할 수 있는 실력이 없었다. 언어적인 장벽은 점차 정치 무대로 나가려는 그에게는 커다란 걸림돌이었다.

그때 남아프리카에서는 영어와 아프리카 언어인 아프리칸스어가 공식 언어였지만, 그 밖에도 10여 개의 언어를 널리 쓰고 있었다.

그러나 만델라는 아프리칸스어와 자기 종족인 트란스케이의 템부어 외에는 거의 몰랐다.

이에 대해 만델라는 이렇게 고백하였다.

"나는 어린 시절에 우리 부족들 간에 심한 경쟁 관계가 얽혀 있다는 것을 전혀 몰랐고, 그런 생각조차 한 일도 없다."

남아프리카의 언어적 장벽을 백인들이 조장한 것이라고 여겼을 정도로 순진했다고 스스로 밝혔다.

왕과 부족 족장들이 요하네스버그에서 종종 회의를 하곤 하였다. 그런데 정말 생각하지도 못한 일을 겪었다. 레소토 왕국의 여왕을 알현하게 된 것이다.

레소토 왕국은 마치 교황청이 있는 이탈리아 로마의 바티칸 시국市國처럼, 남아프리카공화국에 둘러싸인 내륙 국가이다.

여왕은 만델라라는 청년의 이야기를 많이 들어온 터라, 관심 깊게 여겨오던 차에 그를 만나 반갑게 레소토어로 말을 건넸다.

"여성들이 나에게 관심을 갖는다면, 내가 그들을 위해 무엇을 해야 할까?"

만델라는 여왕의 말을 알아듣지 못해 아무 말도 못 했다. 그러자 여왕은 만델라의 자존심을 사정없이 깎아버리는 말을 했다.

"자기 나라 사람들의 언어도 모르면서, 도대체 어떤 변호사가 되고 싶다는 건가?"

이 말에 엄청난 충격을 받았다. 여왕은 만델라에게 지도자가 되려면 여러 가지 언어를 배우라는 충고를 준 셈이다.

그로부터 아프리카의 다양한 언어, 특히 사투리인 방언들을 공부하는데 열정을 쏟았다. 그리고 연설할 때는 가능한 한 여러 사람들이 쓰는 평범하고도 쉬운 말을 주로 사용하였다. 그래서 연설이 너무 평범하고 쉽다는 지적까지 받았다.

그래도 그는 아프리카 민중들이 즐겨 쓰는 말로 연설 하는 데 중점을 두었다.

만델라는 민중을 향해 외쳤다.

"아프리카 땅을 밟고 살아가는 흑인들은 이상주의자가 아니라 순결한 사람들이다. 많은 백인이 아프리카 사회에 대해 보랏빛 목가를 노래하고 있다. 겉으로는 그렇지만 속으로는 다르다. 아프리카 흑인들은 백인들로부터 경멸적인 대우, 하등민족으로 멸시를 당할 뿐이다."

청년연맹을 만들다

만델라는 시술루와 함께 아프리카 민족회의 의장인 알프레드 주마 박사에게 국민회의 안에 청년연맹을 창설할 것을 건의하였다. 대중운동을 펼치려는 구상을 이미 1943년부터 하고 있었다. 아프리카 민족회의는 격렬한 논란 끝에 드디어 청년연맹의 창설을 결정하였다. 대표는 안톤 렘베데가 맡고, 시술루와 만델라, 그리고 탐보는 집행위원이 되었다.

아프리카 민족회의는 감동적인 선언문을 채택하여 책으로 발간했다.

> 남아프리카는 복잡한 문제에 직면하고 있다.
> 백인들과 흑인들 사이에 접촉은 일련의 갈등을
> 유발하는 조건들을 만들어 내고 말았다.

청년연맹은 투표에서 유권자 한 사람이 한 표씩 투표하는 '1인 1투표제'를 골자로 삼아야 한다고 여겼다.

만델라의 머릿속에서는 대중운동과 통일성이라는 두 가지 용어가 잠시도 떠나지 않았다. 만델라는 외쳤다.

"백인들의 잘못된 논리를 허물고 반박하는 지혜가 필요하다.

남아프리카에서 일어나는 복잡한 문제들은 백인과 흑인들의 갈등에서 생긴다.

그런 일을 없애는 것이 문제를 해결하는 방법이다."

드디어 백인 권력에 항의하는 청년운동을 전개하자는 열망이 타올랐다.

이에 대해 의장인 주마 박사가 큰 소리로 반대를 외쳤다.

"나는 감옥에 가고 싶지 않다!"

"걱정하지 마세요! 의장 대신에 우리가 감옥에 들어가겠소!"

젊은 당원들이 흥분하며 의장의 퇴진을 강력하게 요구하였다. 시술루도 물러서지 않고 의장을 공격하였다.

"내 삶에는 흑인 인종차별 철폐 외에는 아무것도 없다."

만델라는 차분한 목소리로 말했다.

"1인 1투표제가 당장은 뜬구름 같은 이야기로 들릴지 모른다. 그러나 반드시 이루어져야 아프리카에 민주주의가 꽃피고 살아난다. 선언문으로 우리의 태도를 분명히 밝히자."

모두가 찬성하였다. 그래서 선언문을 만들어 청년들에게 띄웠다.

민족회의 청년연맹 선언문

200만 명의 백인들이 1,300만 명의 흑인들을 손쉽게 지배하고, 우리 영토의 87%를 백인들이 소유하고 있다. 우리는 증오와 배제의 민족주의를 단호히 거부한다. 아프리카의 소중한 문명을 유산으로 지키고 계승할 권리가 있다. 청년연맹은 선배들의 순응주의를 반대하고 신탁통치를 거부한다.

만델라는 민족회의 집행위원으로 활동하였다. 그는 정치 활동에 더 많은 시간을 할애하였고, 만나는 사람들과 토론의 시간도 넓혀 나갔다. 청년운동은 힘을 받았고, 이를 반대하던 주마 박사는 드디어 민족회의 의장직에서 쫓겨나고 말았다.

이런 가운데 만델라는 시술루와 친구가 되어 더욱 가깝게 지냈다. 한가한 시간은 거의 시술루의 집에서 여러 가지 이야기를 나누면서 즐겁게 보냈다.

그러던 중에 시술루의 사촌 여동생 에블린 메이즈를 만났다. 그녀는 트란스케이 출신으로 간호사가 되기 위해 요하네스버그에 와 있었다. 만델라와 에블린의 만남은 같은 고향 사람이라는데서 더욱 가까워졌다.

그 당시 남자에게는 변호사가 선망의 직업으로 꼽혔고, 여성에

| 넬슨 만델라와 에블린 메이즈 결혼식 사진

게는 간호사가 가장 좋은 일터로 여겨졌다. 특히 흑인 여성들이 올라갈 수 있는 최고의 자리 가운데 하나가 바로 간호사였다. 두 사람의 사랑은 뜨겁게 타올랐다. 만델라와 에블린이 생각하는 여

러 가지 가운데 일치하는 것은 가정의 평화와 행복이었다.

에블린은 희망을 이렇게 말했다.

"나는 가족과 함께하는 생활을 원합니다. 내가 시간이 별로 없을 때도 마찬가지로 그렇습니다."

이 말은 에블린의 희망만은 아니다. 모든 사람이 바라는 것이다.

두 사람은 1944년 결혼하였다. 오를란도의 작은 집에서 행복하게 살면서 아들 템비를 낳았다. 그러나 민족회의 청년연맹은 젊은 법률가 만델라가 가정이라는 울타리 안에서 가족과 더불어 지내도록 내버려 두지 않았다.

백인 천국에 반항

"국가의 부당한 법을 바로 잡도록 깃발을 올려야 한다."

그 운동에 만델라가 앞장섰다. 그러나 권력은 젊은 법률가의 도전을 용서하지 않았다. 통제가 점점 심해졌다.

더구나 조지 6세 국왕이 남아프리카를 방문하면서 군주들까지도 흑인들과는 악수 한 번도 하지 않는 등 백인들의 지배 천국을 더욱 분명하게 하였다.

이런 분위기 속에서 민족회의는 회원들에게 여러 공식 모임 자리에 참석하지 말라는 명령을 내렸다. 그런데도 남아프리카의 대중들은 영국 국왕의 방문과 군주 일행들의 전국 순회방문을 열렬하게 환영하는 것이었다. 한마디로 민족회의가 제구실을 못하고 있음을 보여준 셈이다.

1948년에 선거가 실시되었다.

선거 결과는 국민당이 연합당을 제치고 승리하면서 인종차별을 더욱 부추기는 정책의 발판이 굳어졌다. 이때 남아프리카 사람들에게는 선거권이 없었다.

오직 백인들이 자기들 마음대로 정당을 만들고 남아프리카의 미래를 결정하는 선거판을 만들었기 때문이다.

하지만 대중들 가운데는 독립의 열기에 불타는 청년들이 많았다.

선거에서 이긴 국민당이 독일의 뜨거운 지원을 받아, 영국 정부의 지원을 받는 연합당을 꺾은 배경도 바로 남아프리카의 독립을 염원하는 청년 대중들의 입김이 들어갔던 것이다.

영국이 수십 년 동안 남아프리카 사람들의 인격을 무시하고 열등한 존재로 여기며 차별하여 온 것에 대한 반항이었다.

그러한 사실은 1913년의 토지령과 1922년의 정부 조사위원회 보고서, 그리고 1923년의 도시지역법에 분명하게 기록되어 있다.

남아프리카 사람들은 백인들의 요구에 따라 그들이 필요해서 찾을 때에만 도시에 머무를 수 있으며, 그 일을 마치면 즉시 도시를 떠나야 했다.

남아프리카 사람들은 백인들이 독점한 광산에서 노동자로 일을 하면서도 백인들이 사는 도시와는 멀리 떨어진 빈민굴로 쫓겨났다.

인종차별은 더욱 늘어만 갔다.

요하네스버그의 한 신문은 이런 기사를 내보냈다.

"흑인들을 통제하고 다스리기 위한 목적으로 마련한 각종 법규가 무려 1,200쪽에 이른다. 이런 통제의 법규들은 남아프리카가 아니라 아주 먼 곳에서, 아주 높은 곳으로부터 온 것이라고 한다."

인종차별 人種差別

인종이 다르다는 이유만으로 가해지는 각종 차별을 말한다.

흔히 정치 경제적 우위를 차지하거나 지키기 위한 욕망, 그리고 사회적 역사적 편견 등을 그 원인으로 삼는다. 본래 먼 옛날 고대 사회에서도 있었으나 극심해진 때는 식민지 제도가 성행한 16~17세기 이후부터이다.

식민지 정책의 전형적인 경우로는 나치스의 유대인 박해, 미국의 흑인 문제와 남북전쟁, 남아프리카공화국의 인종격리 정책이 그 대표적인 예이다.

국제연합은 1963년 총회에서 인종차별은 인류의 평화와 개인의 인권을 근본적으로 위협하는 폐습이라고 결정하고, 인종차별 철폐 선언을 채택하고, 1965년 인종차별 철폐조약을 발표하였다.

| 미국 프로농구 NBA LA 클리퍼스 선수들이 클리퍼스 구단주인 도널드 스털링의 인종차별적 발언에 대한 항의 표시로 유니폼을 거꾸로 착용했다.

02 보어Boer 전쟁의 비극

끝없는 금광 독점 욕심

"남아공南阿共의 황금 금광을 손에 쥐어야 한다!"

아시아의 인도와 아프리카 대륙의 여러 나라를 비롯하여 세계 곳곳에 드넓은 식민지를 지닌 영국은 남아프리카공화국의 금광 독점 욕망에 사로잡혀 있었다.

특히 세계적인 황금 금광 지역인 트란스발에 군침을 흘렸다.

남아공南阿共은 남아프리카공화국을 줄여서 부르는 한자어 표기이다.

트란스발은 남아프리카 동북부의 한 주州로 면적은 26만 4,299㎢에 주민 1,500만여 명이 살고 있는 곳이다.

1839년 케이프 식민지를 통한 영국의 지배를 거부한 보어 사람들이 내륙을 따라 북쪽으로 이동하여 발 강을 건너 정착하고 트란스발공화국을 세웠다.

트란스발공화국 중앙부에 해당하는 곳이 바로 트란스발 주이며, 그 중심 도시가 요하네스버그이다. 여기를 중심으로 세계적인 황금의 노다지 금광을 포함해 석탄 탄광이 형성되어 있다.

지구촌 곳곳에 식민지를 거느려 '해가 지지 않는 나라'라고 불리던 영국이 아프리카에서도 황금 탄광 지역인 이곳에 눈독을 들이는 것은 너무나 당연했다.

영국은 이곳을 1877년에 일방적으로 자기들의 식민지로 만들었다.

"트란스발공화국은 보어 민족의 소중한 터전이다. 식민지를 철회하라!"

보어 사람들은 식민지에 반대하며 무기를 들고 일어났다. 이것이 제1차 영국·보어 전쟁이다.

전쟁은 보어의 승리로 이어졌다. 문제는 그 다음에 터졌다.

1886년 비타바터스란드에서 그야말로 노다지 황금 금맥이 새롭게 발견된 것이다.

"노다지 황금 금맥이라고?"

"황금 덩어리를 그냥 긁어모을 정도랍니다."

"가자! 그곳으로!"

케이프 식민지를 다스리던 수상 로즈는 흥분하여 진격 명령을 내리고 앞장섰다.

이때가 1895년이다. 그러나 보어 사람들의 강력한 저항에 부딪혀 더는 진전이 없었다.

전쟁은 답보 상태로 빠졌다. 그렇다고 황금 금맥을 포기한 것은 아니다.

드디어 1899년 제2차 보어 전쟁으로 이어졌다. 전쟁은 영국이 지원병을 보내면서 상황이 달라졌다.

새로운 화약무기를 앞세운 영국 군대의 지원 병력 개입으로 전쟁은 치열하게 달아올랐다. 전쟁은 4년간 계속되고, 엄청난 피해가 생겼다.

곳곳에서 게릴라 전투가 벌어지고 주택들이 불타고, 무고한 사람들이 학살당하는 끔찍한 일들이 벌어졌다.

보어로 쏠린 세계 여론

보어전쟁으로 세계의 여론은 트란스발로 쏠렸다. 트란스발을 지키려는 보어 사람들을 동정하는 한편, 영국의 식민 전쟁을 강력하게 비난하기 시작하였다.

더구나 영국에서조차 전쟁을 반대하는 반전 여론이 일어났다.

그러나 영국 군대는 집요하게 전쟁을 수행하고 드디어 보어의 항복을 받아냈다.

이로써 트란스발공화국은 영국이 직접 관장하는 직할 식민지가 되고 말았다.

보어Boer인, 또는 보어민 등으로 불리는 이들은 네덜란드에서 이민 온 백인 계열의 사람들을 일컫는다.

그들은 17세기 중엽 네덜란드 정부에서 아프리카의 케이프를 식민지로 만들면서 이주시킨 사람들이다.

그들 대부분이 네덜란드 농민들이었는데, 농민을 보어Boer라고 한 데서 그대로 보어인으로 불렀다.

남아프리카 사람들은 이들 보어인을 아프리카너Afrikaner라고 부른다.

이들은 현재 남아프리카공화국의 백인 가운데 60%를 차지하고 있다.

칼뱅파 종교 개혁의 후손들인 보어인들은 그들의 분리 정책을 종교적인 신념으로 여겼던 것이다.

종교 개혁파들은 개개인의 인종은 각자의 재능과 능력에 따라 발전해야 하는 신의 창조물로 생각하였다.

두 차례에 걸쳐 끔찍한 고통을 몰고 온 영국과 보어의 전쟁은 영국의 승리로 끝났지만, 남아프리카에 거주하는 백인 계열의 아프리카너 공동체의 독자적인 정체성을 세운 것만은 확실하다.

그러나 그 다음의 현실은 매우 복잡하게 돌아갔다.

"하나로 통합을 이루기 위해서는 언어와 역사, 종교와 관습이 긴밀하게 혼합되어야 한다. 백인들이 힘의 논리로 흑인들을 지배하는 나라를 만들 수는 없다. 그건 감정만을 일으킬 뿐이다. 그런 다음에 백인과 흑인의 관계를 새롭게 설정하는 법률을 만들어야 한다."

그런데도 백인들은 절대적으로 자기들만이 우세하다며 고집하고 흑인들을 계속 지배하려고 한 것이다.

전쟁의 결과로 생겨난 갈등, 산업화의 물결과 도시의 급격한 성장은 집단 이주라는 엄청난 사태를 불러왔다.

전쟁에서 살아남은 보어 사람들이 수레를 끌고 새로운 삶의 터전을 찾아 대이동을 할 수밖에 없었다.

여기서 남아프리카는 백인들의 사회가 되고, 백인들이 지배하는 땅이 되었으며, 백인들이 주인이 되는 나라로 변하였다.

아프리카의 전통적인 질서가 송두리째 무너지고 말았다.

보어 Boer 전쟁

19세기 말 영국이 남아프리카의 금광 지역인 트란스발공화국을 식민지로 병합하기 위하여 일으킨 전쟁이 영국·보어전쟁이다. '부르전쟁' 또는 '남아 南阿 전쟁'이라고도 한다.

트란스발공화국은 세계 제일의 금광산업단지로 보어 Boer 민족이 살고 있는 지역이다. 그들은 네덜란드 계통의 백인 이민 세대들이다.

1차와 2차 전쟁으로 이어졌는데, 독일군의 개입을 두려워한 영국이 트란스발공화국을 병합하기 위하여 전쟁을 일으켰다. 이에 보어 사람들이 단결하여 대항하였다.

영국은 트란스발공화국의 게릴라 군을 섬멸한다는 구실로 민간인을 학살하고 그들의 가옥을 불 지르는 작전을 감행하자, 영국이 가혹한 식민제국주의 침략전쟁을 하고 있다는 세계적 여론에 부딪혔다. 보어인들은 항복하고 트란스발공화국은 영국의 직할 식민지가 되고 말았다.

03 괴물 같은 '금지령'

| 아마추어 권투선수 시절

권투를 좋아한 만델라

권투를 좋아한 만델라는 청년 시절 한때 아마추어 권투선수의 꿈을 갖고 복싱 연습에 열중하였다.

세계적인 복싱 스타 마이클 타이슨은 평소 만델라를 존경하였다. 그래서 자신이 세계 챔피언 타이틀을 따낸 뒤에 경기할 때 착용했던 장갑을 인종차별 정책에 반대하는 만델라에게 선물로 보냈다. 이 뜻밖의 선물을 받은 만델라는 크게 감동하면서 이렇게 말했다.

"인종차별을 한 방에 날려 버리라는 주문인지도 모른다. 이 장갑은 명예박사 학위보다도 훨씬 더 좋은 선물이다."

권투로 몸을 단련하였고 강인한 정신력과 체력을 단련해온 만델라로서는 너무나 감격스러운 선물이었다.

그런 강인함으로 법률사무소를 운영하면서, 아파르트헤이트를 반대하는 한편 본격적으로 흑인 인권운동을 전개하였다.

아파르트헤이트는 1944년 1월 다니엘 말란이 국회에서 처음으로 거론하였다.

본래의 뜻은 아프리카어로 '격리'라는 뜻이다.

그러나 이 말은 남아프리카공화국에서 실시하는 극도의 인종차별 정책과 그 제도를 가리킨다.

남아프리카는 여러 인종으로 구성된 다민족 국가이다. 주로 백인과 백인이 아닌 사람들로 구성되었으며, 백인이 아닌 사람들을 비백인이라고 일컫는다.

비백인은 아프리카 계통의 흑인들, 각종 혼혈인의 컬러드, 인도를 포함한 아시아 계통의 사람들이다.

남아프리카에서는 아파르트헤이트 정책에 따라 비백인들에게는 투표와 입후보 등의 참정권이 없고 노동조합의 단체 교섭권도 없으며, 백인들과의 근로조건이 다르고 다른 인종과의 결혼도 금지된다.

모든 것이 백인 중심으로 이루어지고, 비백인들에게는 별도의 조치와 제재를 가하는 철저한 인종차별 정책이다.

흑인들을 괴롭힌 금지령

설상가상으로 흑인들을 괴롭히는 괴물 같은 '금지령'이 내려졌다. 이는 남아프리카 인종주의를 엄격히 통제하고 준수하는 보증 수표로 만든 법령이다. 법무부의 간단한 법령만으로 얼마든지 조치하도록 한 것이다. 금지령 처분을 받은 사람은 어떠한 정치 활동도 할 수 없다. 더구나 금지령을 어긴 사람이 정해진 거주 지역을 벗어나면 즉시 체포되고 재판을 받지 않고 곧바로 감옥으로 보냈다. 금지령이 반포된 뒤 흑인 사회는 또 한 번 심한 충격에 빠졌다. 만델라는 금지령을 이렇게 분석하였다.

"금지령은 흑인들을 잡아들이기 위한 괴물 법령이다. 한 개인을 투쟁에서 멀어지게 하고 그로 하여금 정치에서 분리되도록 통제하려는 새로운 전략이다."

만델라의 지적은 아주 정확하였다. 그는 외쳤다.

"금지령은 나를 잡아넣기 위한 악법이다. 내가 감옥으로 가는 길이 그만큼 단축되었을 뿐이다.”

만델라는 나와 나의 동지들, 흑인운동 지도자들을 잡아들이기 위한 족쇄법이라고 강력하게 항의하였다.

“금지령은 정치적인 모임은 말할 것도 없고, 모든 종류의 회합에 적용된다.

예를 들면 아버지가 따로 사는 아들 생일잔치에도 참석할 수 없고, 흑인운동가인 내가 여러 지지자들 앞에서 연설할 수도 없다. 그런 권리를 통제하고 박탈하려는 괴물 법이다.”

만델라는 이 금지령이 일종의 심리적인 ‘밀실 공포증’을 일으키게 함으로써 적들이 외부에 있는 것이 아니라, 내부에 있음을 스스로 느끼도록 하는 교묘한 것이라고 보았다.

분노한 흑인들

금지령에 대하여 만델라는 세심하게 관찰하였다.

“이 금지령은 한 개인을 잡아들이려는 술책을 넘어 흑인들을 고립시키려는 전략이며, 남아프리카 흑인들을 철저하게 단속하려는 얕은 꼼수이다.”

금지령은 상상 밖으로 가공할만한 위력을 보이면서 곳곳에서 마찰을 일으켰다.

"비백인을 잡아들이는 괴짜 발명품이다."

"우리에게는 활동의 자유가 있다. 통제하지 말라!"

비백인들이 혀를 차며 분노하였다. 여기서 놀라운 일이 생겼다. 아시아 계통은 모두 비백인인데, 유독 일본 기업가들은 백인으로 대우해 주는 것이다.

그뿐만이 아니다. 중국인 부모로부터 태어나 남아프리카 국적을 가진 사람은 유럽 사람으로 인정하지 않으면서도, 잠깐 방문한 중국인은 유럽인으로 여기는 것이었다.

그처럼 금지령의 잣대는 백인들 마음대로였다.

한 번 분류된 인종은 다시 바꾸는 일이 없다. 하인이건, 회사 직원이건, 대학교수이건, 바둑판의 검은 돌 아니면 흰 돌처럼 한 번 정해지면 그것으로 끝장이다.

비백인들이 잘못을 저지르면 다음 두 가지 가운데 하나를 선택해야 한다. 일자리를 내놓거나 아니면, 쉠보크라는 가죽 끈으로 잘못에 해당하는 매를 맞는 일이다.

백인들은 인종차별 정책에 반대하는 흑인 인권운동가나 언론인, 그리고 작가들을 모두 증오의 대상으로 여겼다.

그리고는 엉뚱한 말을 늘어놓았다.

"인종차별을 반대하는 그들은 염소처럼 앵앵 울어대는 평화주의자들이다.”

“배신자 작가들은 남아공을 떠나라.”

대부분의 백인들은 인종차별에 반대하는 사람들이 모두 다 똑같다고 보았다. 그러면서도 백인이 비백인에게 퍼붓는 무차별적인 증오만은 피하려고 몸부림쳤다.

그런 분위기 속에서 백인들은 흑인들의 인종차별을 운명적으로 여기려는 자세였다.

만델라는 이렇게 말하였다.

“나는 아프리카 민주주의의 과격한 혁명 노선에는 공감한다. 하지만 나는 백인의 인종차별 정책에는 단연코 반대한다!”

다만, 만델라가 백인들을 증오하면서 한 농담이 한때 크게 화제가 되었다.

“백인들을 바다에 던져버리고 싶은 것이 아니라, 그들 스스로가 배를 타고 우리나라를 떠나가기를 꿈꾼다.”

이 말을 한 배경은 백인들이 자신들의 부조리나 잘못에 대해 반성하지 않고 있는데 대해 설명하거나 또는 백인들을 설득하는 일 자체가 불가능하다는 당시 사회적 현실을 꼬집은 것이다.

04 시민 불복종 저항운동

인권 회복운동 전개

아프리카 민족회의는 중대 국면을 맞았다.

민족회의 서기장인 월터 시술루는 3년 전에 인도 사람들이 이미 악독한 법에 반대해서 사용했던 방법을 본떠서 시민 불복종 저항운동을 전개하자고 밝혔다.

"우리는 지금, 인도의 간디가 전개했던 비폭력 운동을 본받아 대중운동을 시작할 때를 맞았다고 생각한다. 우리가 펴야 할 비폭력 운동은 바로 심한 인종차별 정책을 전면 부정하는 불복종운동이다. 이제 행동으로 보여주어야 한다. 여기에 폭력 행사는 절대 쓰지 말아야 한다."

시술루의 강력한 제안을 만델라가 자신의 비망록에 적어 놓은 것이다.

그 당시 인도와 남아프리카는 모두 영국의 식민 국가로서 조국의 독립과 국민의 인권 회복을 위해 다 같이 고민하고 있었다.

인도는 영국의 식민지로부터 벗어나고자 혼신의 노력으로 비폭력 저항운동을 펼쳤다. 그 운동의 중심에 마하트마 간디가 있었다. 마하트마 간디는 인도 독립운동의 불씨를 당겨준 위대한 지도자였다. 그런 간디의 독립을 향한 비폭력 저항운동은 남아프리카에도 널리 알려져 그의 명성은 실로 대단하였다.

인도 사람들은 간디의 비폭력 저항운동을 경전처럼 신봉하면서 지켜 나아갔다. 글자 한 자도 고치지 않고, 점 하나도 바꾸지 않으면서 소중한 유산처럼 받들었다. 비폭력 저항운동은 그 어떤 저항운동보다도 가장 숭고하고 가장 현실적이며 가장 앞서는 독립운동이라고 여겼다.이런 사상적 정신을 남아프리카 사람들도 받아들여 따르자고 강력하게 호소한 사람은 시술루이지만, 그 운동 방식을 실천한 사람은 역시 만델라였다.

만델라는 누구보다도 간디를 존경하였고 열렬하게 추모하였다. 그러나 간디의 저항운동 방식을 그대로 따르지는 않았다.

그런 만델라에게 어떤 사람이 비꼬듯 말했다.

"간디는 옷을 벗어 던지고 맨발로 다녔다. 그러나 만델라 당신은 옷을 좋아하죠."

많은 사람이 남아프리카의 독립과 인권 회복운동에 관해 이야기를 하고 또 걱정하고 있을 때, 만델라는 그들이 어떤 생각을 하거나 행동을 하려는 것에는 별로 관심을 두지 않았다.

만델라는 그들을 향해 이렇게 말했다.

"사람들은 우리도 간디처럼 비폭력주의를 하자고 한다. 비폭력은 실패한다고 해도 채택해야 할 전략이라고 믿는 것 같다. 그러나 그 전략은 그렇게 중요하지 않다."

민족회의 청년연맹도 만델라와 생각이 비슷하였다. 그런 연유는 대중운동을 계획하고 펼친다면, 그 과정에서 비폭력을 지켜낼 자신이 없으며, 우리는 인도 사람들과는 기질이 다르다는 점을 잘 알고 있기 때문이다. 그래서 비폭력 저항운동을 실현해낼 수 없다는 생각이다.

여기서 만델라는 새로운 신념을 가지게 되었다.

"흑인들이여! 자긍심을 갖자."

만델라는 외쳤다.

"흑인 사회에서는 위대한 민족에 속한다는 자긍심을 이야기할 근거가 희박하다. 흑인 사회에 대한 세계의 관심도 낮다. 아프리카 민족주의는 흑인 사회를 바탕으로 삼고, 또 흑인들의 역사의식을 근거로 전개하여야 하는데 그런 바탕이 충분하지 못하다. 나는 무엇을 위해서라기보다는 무엇에 대항하여 어떻게 투쟁하는 지를 더 잘고 있다."

법률사무소를 함께 운영하는 탐보는 만델라의 생각과는 달라서, 애초부터 환상적 이론을 달갑게 여기지 않았다.

"지금 남아프리카는 정치적 이념적으로 매우 혼란스럽다. 그러나 앞으로는 정치 연합 또는 남아프리카 민족회의 시대가 올 것이다."

정치적 권력 싸움은 점점 거세졌다. 여기저기서 시위 행렬이 이어졌다. 드디어 경찰은 시위대를 향하여 총을 쏘아댔다. 사태는 무척 심각하게 흐르기 시작하였다.

만델라는 이런 혼란 속에서 더 법률사무소에만 머물러 있을 수 없었다. 시민 불복종 저항운동을 본격적으로 전개하기로 하였다.

"모이자! 1952년 6월 20일!

시민 불복종 저항운동! 불신임 캠페인에 참여하자!"

민족회의 건물에 포스터와 현수막을 내걸었다.

남아프리카 흑인들과 인도 사람들이 함께 불신임 캠페인을 주제로 시민 불복종 저항운동을 펼친다는 뉴스가 요하네스버그에 퍼졌다.

만델라의 연설에 뜨거운 박수

만델라는 이보다 4일 앞서 더번 광장에서 시민들을 대상으로 시민 불복종 저항운동의 방향과 운동의 성격, 그리고 캠페인의 취지 등을 설명하는 대중 연설을 하였다.

만델라의 연설을 듣기 위해 1만여 명의 시민들이 몰렸다.

"시민 여러분! 우리는 「헌법」 앞에 모두가 평등하고 존엄한 인격을 누리며 행복하게 살아갈 권리가 있습니다. 우리의 숭고한 시민권은 백인들에 의해 강탈당했고, 귀중한 인권을 차압당하고 말았습니다.

우리는 지금, 인도의 간디가 전개했던 비폭력 운동을 본받아 대중운동을 시작할 때를 맞았다고 생각합니다. 우리가 펴야 할 비폭력운동은 바로 극심한 인종차별 정책을 전면 불신임하는 시민 불복종 저항운동입니다. 이제 행동으로 보여주어야 합니다. 여기에는 어떠한 폭력 행사가 있어서도 안 되고 작은 불법 행위가 있어서도 안 됩니다. 법질서를 성실하게 지키면서 우리의 요구를 주장하여야 합니다.

여러분! 우리는 시민 불복종 저항운동을 전개함에 있어서 절대 폭력을 쓰지 말아야 합니다."

만델라의 연설에 흑인들은 뜨거운 박수를 보내며 열렬히 환호하였다.

"옳소! 정정당당하게 불복종 저항운동을 폅시다!"

"폭력은 바다에 던져버리고 평화적으로 우리의 주장을 알려야 하오!"

만델라는 첫 대중 연설에서 무척 황홀한 경험을 쌓았다. 그는 선동적인 대중 연설가는 아니었다. 차분하고도 정확한 소신을 갖고 있다는 이미지를 대중들에게 심어주었다.

그의 연설을 들은 시민 대중들은 친숙하고도 솔직한 연설에 감동하면서 공감을 표하였다.

요하네스버그 시민들은 만델라의 연설로 흥분하며 고무되었다.

그러나 당국은 크게 긴장하였다. 당국은 만델라의 연설과 관련하여 비밀회의를 열었다.

"만델라는 민중을 선동하고 있다. 그대로 둘 수는 없다."

경찰에 긴급 체포명령을 내렸다. 만델라를 체포하기 위해 일제 단속령이 떨어졌다.

마하트마 간디 M. K Gandhi, 1869~1948년

인도의 정치 지도자, 사상가, 독립운동가. 위대한 영혼이라는 뜻의 '마하트마'로 인도 국민에게서 열렬한 존경과 지지를 받았다.

포르반다르 번왕국 대신의 장남으로 태어나 런던 유학을 하고 변호사 자격을 얻고 귀국하였다.

소송 사건을 맡아 남아프리카로 건너가 그곳에서 일하는 인도의 노동자들의 시민권 획득을 위하여 노력하였다. 귀국 후에 스스로 진리를 획득한 '사티아그라하'라며 대중적 비폭력 저항운동을 전개하여 성공으로 이끌었다. 사티아는 '진리', 그라하는 '파악'이라는 뜻이다. 이로써 인도 민족운동의 최고 지도자로 존경을 받았다.

영국 행정의 상징처럼 된 「소금세법」에 항의하는 '소금의 행진'을 전개하고 영국의 식민정책에 반대하는 국민운동을 조직적으로 펼쳤다. 노동자와 농민 대중의 신분과 계급의 철폐 등을 주창하고 독립을 이끌어 냈으나, 광신적인 힌두교인의 손에 암살되었다.

03

불행과 시련

01 체포된 만델라

엄청난 고통에 시달려

경찰은 만델라를 체포한 뒤 마셜 스퀘어라는 유치장으로 압송하였다. 이곳은 햇볕이 전혀 들지 않아 그늘지고 습기 찬 곳이었다.

지금까지 34년 세월을 살아오면서 경찰에 처음으로 체포된 것이다. 또한, 이처럼 음습한 곳으로 연행된 것도 처음이다.

또 이곳에서 이틀 밤을 꼬박 심문을 받으면서 지새운 것도 처음 겪었다.

만델라가 구속되어 모진 학대를 받은 것도 처음이다.

더구나 그 이틀 동안 간수들이 형편없이 난폭하다는 것도 알았다.

정상적인 사람인 만델라로서는 생각도 못한 끔찍한 일을 당했다. 더구나 변호사로서는 상상도 못한 엄청난 고통을 만델라는 체포된 뒤 이틀 동안 겪었다.

이런 일들이 앞으로 계속될 것을 생각하니 너무나 끔찍하여 온몸이 떨렸다.

만델라에게 적용된 죄명은 사실과는 맞지 않는 추상적인 것이었다.

죄명 : 시민 불복종 범죄, 시민적 불복종 캠페인 죄, 자유헌장을 수정한 죄, 국가 정책을 반역한 죄……

"육법전서 어디에 그런 죄명이 있나?"

흑인들이 흥분하였다.

경찰은 흑인들의 시민 불복종 저항운동을 정부의 잘못된 정책에 대해 항의하는 것으로 본 것이 아니라, 흉악한 범죄 행위로 뒤집어씌운 것이다.

그런 이유는 아프리카 흑인들이 인도에서 건너온 사람들과 손을 맞잡고 공동의 시위를 계획하고, 시위 행위로 나서는 것을 무척 두려워한 나머지, 초기 단계에서부터 그 싹을 잘라 버리겠다는 의도였다.

또 다른 측면으로는 자신들의 정책이 잘못되었음을 시민들, 특히 흑인들을 포함한 비백인들이 이미 알고 조직적으로 반대운동을 편다는 데 대해 두려움을 느끼고 있는 것이었다.

그러나 만델라를 여러 가지 죄명으로 체포하자 흑인들은 물론, 백인을 제외한 모든 사람을 자극하는 결과를 가져왔다.

흑인들과 비백인들의 도발과 불복종 저항운동은 점차 가열되면서 불길이 활활 타올랐다.

"만델라를 석방하라!"

"엉터리 죄명을 씌우지 마라!"

경찰에 매수된 흑인 첩보원

경찰은 흑인들을 매수하여 비밀 첩보원으로 채용하고 만델라가 갇혀 있는 감옥으로 들여보냈다. 감옥에 갇혀 있는 만델라는 그런 사실조차 모르고 있었다.

만델라는 감옥에서 비밀 첩보원을 두 명이나 만났다. 한 명은 모자를 푹 눌러 쓴 채 들어와서 만델라의 행동을 하나하나 유심히 살피는 것이었다. 다른 한 명은 사복 차림이지만 그 행동이 분명코 군인 같았다.

만델라는 처음에 이들에게 별로 관심을 두지 않았다. 그런데 두 명의 첩보원은 일정한 거리를 유지하면서 만델라의 뒤를 따라다니며 움직임을 낱낱이 살피는 것이었다.

"이상한 걸! 나를 연속 살피다니……."

눈치를 챈 만델라는 모르는 척하면서 더욱 떳떳하고 대담하게 행동하였다.

경찰은 매수된 흑인 비밀 첩보원을 민족회의 건물 안에도 들여보내 시민 불복종 저항운동을 거세게 반대하도록 지시하였다.

흑인 비밀 첩보원들은 민족회의 안에서 큰소리로 외쳐댔다.

"시민 불복종 저항운동은 불순 세력이다!"

"남아프리카공화국을 전복시키려는 음모 세력이다."

"민족회의는 해산되어야 마땅하다."

뜻밖의 사태가 빚어지자 민족회의 간부들은 깜짝 놀라며 당황했다.

"여기서 반대운동을 하다니, 이게 어찌된 노릇인가?"

"너희들은 누구냐? 도대체 알 수 없는 일이다."

민족회의 안에서 큰 소란이 벌어졌다. 바로 그때 경찰이 민족회의 안으로 들이닥쳤다.

"남아프리카공화국을 전복시키려는 음모 세력을 모두 체포하라!"

흑인 비밀 첩보원들은 민족회의 간부들을 지목하였다. 경찰은 민족회의 간부로 지목하는 사람들을 체포하기 시작하였다. 이로 인해 민족회의 안에 있던 지도자들은 정권 전복을 음모한 주범자로 몰려 체포되고 말았다.

죄명 : 공산주의 금지법 위반 혐의, 정부 정책 반대 혐의⋯⋯.
체포자 : 민족회의 의장 모로카 박사, 민족회의 서기장 월터 시술루, 그 밖의 지도자 18명, 만델라도 체포자 명단에 추가한다.

위기에 빠진 민족회의

경찰은 이미 체포되어 감옥에 갇혀 있는 민족회의 집행위원 만델라에게도 죄명을 둘이나 더 추가하였다. 공산주의 금지법 위반 혐의와 정부 정책 반대 혐의라는 두 가지 죄명이다. 이렇게 하여 민족회의 지도자는 만델라까지 모두 21명이 체포되었다.

이들 민족회의 지도자들에 대한 재판이 요하네스버그 법원에서 마침내 열렸다. 재판은 별 저항 없이 순조롭게 진행되는 듯하였다. 그런데 시민 불복종 저항운동에 참가하였던 흑인들과 만델라를 지지하는 비백인 자유주의자들이 법정으로 한꺼번에 우르르 몰려들면서 갑자기 소란스러워졌다. 이들은 피고인들에게 박수를 보내고 격려하였다.

"재판은 엉터리다. 용기를 잃지 마세요!"

법정을 시끄럽게 만들었다. 그날 첫 재판은 이렇게 끝났다. 그런데 문제가 생겼다. 민족회의 의장 모로카 박사가 동지들의 뜻과는 다르게 개인적으로 변호사를 대고, 이상한 말을 하면서 사태가 꼬였다.

"시민 불복종 저항운동은 잘못된 것이다."

모로코 의장의 말에 만델라는 흥분하면서, 모로카 의장을 비난하는 분노의 말을 퍼부었다.

"민족회의 의장은 우리들의 숭고한 불복종 저항운동을 배반하고, 조직과 흑인들의 권리를 외면하였다. 더구나 자신의 정치적 신념을 바탕으로 자기만의 이익을 추구하는 엄청난 죄를 지었다."

이에 말을 맞추듯 민족회의 회원들도 울분을 터뜨렸다.

"의장이 동지들을 배반했다!"

"배반자 모로카를 규탄한다!"

이로써 민족회의는 새로운 국면을 맞았다. 드디어 민족회의 지도자들에게 선고 재판을 하는 날이 다가왔다. 재판이 시작되자, 모두 입을 다물고 재판장의 말을 기다렸다. 재판장은 판결문을 읽어 내려갔다.

"피고인들은 일반적으로 인정되는 국가 반역자들이 아니다. 불복종 저항운동을 한다며 법을 어겼다. 피고인들은 회원들로 하여금 조용하게 행동하도록 이끌었고, 어떤 이유에서라도 폭력을 사용하지 말라고 당부하였다. 그 점을 인정하여 피고인 전원에게 집행유예 2년, 사회봉사 9월을 명한다."

선고가 끝나자 법정에서는 환호가 터졌다.

"매우 정당한 판결이다!"

"참으로 현명한 판결이다!"

그러나 엄중한 벌을 내려주기를 은근히 바랐던 당국은 기대가 완전히 빗나갔다면서 크게 당황하였다.

"이럴 수가? 전원 집행유예라니?"

재판 결과로 인해 흑인들과 비백인들이 중심이 된 민족회의의 불복종 저항운동은 더 활발하게 타올랐다.

민족회의에 가담한 사람들은 개인의 이익만을 챙긴 모로카 의장을 제명하고, 더욱 강하게 뭉쳤다. 회원 가입도 크게 늘어났다.

이런 과정에서 만델라는 민족회의 조직을 새롭게 바꾸어야 한다고 생각하고, 다음과 같은 방침을 정하였다.

> 민족회의에서 일하는 전문 직원이 필요하다.
> 불복종 저항운동은 전개할 때와 멈출 때를 가리며, 너무 길게 시간만 끄는 것은 도움이 되지 않는다.
> 일단 시작한 저항운동은 성공으로 이끌어야 한다.

감옥을 자택처럼

만델라의 뒤를 이어 흑인들 가운데서도 불복종 저항운동을 하다가 감옥에 가는 것을 명예처럼 여기는 흑인들과 비백인들이 점점 많아졌다.

만델라는 감옥을 자택처럼 여기게 되었다. 그러나 감옥이 자택일 수는 없다. 더구나 감옥살이에서 빠져나올 수 있는 자유로운 상태가 아니었다. 점점 더 감옥 속으로 깊숙이 빠져드는 운명으로 바뀌는 것이었다. 이제 감옥은 만델라와 떨어질 수 없는 곳이 되었다.

이런 흐름에 대해 만델라는 민족회의가 펼치는 불복종 저항운동에 참여하는 사람들에게 자신의 입장을 간곡하게 전했다.

"나는 변호사의 직분을 충실히 이행하면서 시민 불복종 저항운동을 조직화하려고 생각하였다. 그러나 이제는 자유로운 몸이 아니라 달라졌다. 처음에 우리는 시민 불복종 저항운동에 대해 너무 초보자였다."

만델라는 인종차별에 반대하는 시민 불복종 저항운동을 시작할 때 흑인들에게 이렇게 당부하였다.

"우리를 밟고 지나가라. 그리고 흑인들은 힘을 사용할 준비를 갖추어야 한다."

그때 만델라의 생각을 다음과 같았다.

"사람은 누구나 자신에게 주어진 사명에 헌신해야 한다."

만델라를 흑인 인권을 옹호하는 변호사로, 그리고 시민 불복종 저항운동의 지도자로 거듭나게 한 사건은 소피아 타운 거주민들을 당국에서 강제로 이주시킨 것이었다.

소피아 타운에는 흑인을 포함한 여러 인종들이 함께 살고 있었다. 요하네스버그 변두리 지역이지만, 도시의 중심가에서 별로 멀지 않은 곳이라 비백인들이 많이 모여 살았다.

그런 관계로 당국에서는 문제 지역이라며 아주 불만스럽게 여기는 곳이었다. 더구나 이 지역 사람들은 민족회의가 펼치는 시민 불복종 저항운동을 적극 찬성하면서 시위운동에도 참여하여 당국의 눈총을 받고 있었다.

그러다가 당국에서 이곳에 살고 있는 비백인 주민들을 다른 지역으로 이주시키라는 명령이 떨어졌다. 이 명령에 따라 경찰이 지역 주민들을 멀리 떨어진 변두리 지역으로 강제로 내보내 이주시켰다. 그때 강제로 쫓겨나는 이주민들을 만델라 변호사가 끌어안아 주었던 것이다.

02 '계획 M'을 수행하라

새로운 결의

남아프리카공화국 민족회의는 변절자가 된 모로카 의장 대신에 알베르트 루툴리 대장을 새 의장으로 뽑았다. 새 의장을 선출한 뒤 시민 불복종 저항운동의 새로운 결의를 다짐하였다.

루툴리 대장은 기독교 전도사의 아들로 대학교수를 지냈다. 그는 흑인 가운데서도 유별나게 피부가 검었다. 그리고 자존심이 강하고 건장한 체격을 지녔다.

"우리는 비록 강제 해산을 당하는 일이 있더라도, 대담하고 정당하며 평화적인 불복종 저항운동을 전개할 것이다."

루툴리 대장은 결연한 의지로 민족회의가 나아갈 방향을 밝혔다. 이에 따라 흑인들과 인도인들이 마음과 뜻을 모아 비밀 전투 조직을 만들기로 하고 만델라에게 그 일을 맡겼다. 국민당과 싸우기 위한 비밀 군대를 만드는 일에 책임자가 되었다.

만델라는 인도에서 건너온 사람들의 단체인 인도 주민회의와 손잡고 비밀 전투 조직을 만들기 시작하였다. 이때가 1952년이다.

만델라는 흑인이나 인도 사람들 가운데 불복종 저항 의식이 강한 사람들을 따로 선별한 뒤, 그들을 중심으로 비밀 전투 조직이 펼쳐 나갈 일에 대하여 회의를 여러 차례 거듭하였다.

회의에서는 비밀 전투 요원의 기본 조건과 훈련 방법, 추진할 일들을 협의하였다.

만델라는 먼저 비밀 전투 요원은 정신적으로 강인한 의식을 가져야 하고, 운동선수처럼 단련된 몸을 가진 사람이어야 한다고 강조하였다. 이런 일은 하루아침에 이루어질 수 없는 일이라는 것을 잘 알기 때문에 그런 조건을 갖춘 청년들을 우선적으로 전투 요원으로 뽑았다.

조직의 이름을 '움콘토 웨이즈웨'라고 정하고, 'MK'라고 불렀다. 이 말은 '민족의 창'이라는 의미이다.

아프리카 민족회의에는 백인이 절대 참가할 수 없었다. 그러나 MK 운동에는 뜻을 같이 하는 사람이라면 백인이건 공산주의자이

| 아프리카 민족회의에서 활동하던 만델라(왼쪽에서 두 번째)

건 구별하지 않고 누구나 참여할 수 있도록 하였다.

'계획 M' 조직의 기본 방침을 마련한 뒤, 그 실행에 대하여 이렇게 말했다.

"정부의 강철 주먹이 덮칠 때를 철저하게 대비하고, 그 주먹이 덮친다 해도 우리는 우리가 할 일을 계속하고 우리가 가야 할 길을 가야 한다."

만델라가 이처럼 흑인들과 비백인들을 위한 일에 몰두하느라고 가정에는 별로 신경을 쓰지 못하였다. 밤늦게 집으로 들어가는 일이 많았다. 그러는 사이에 태어난 지 얼마 안 되는 딸을 잃었다. 아내의 불평 불만으로 부부 사이의 갈등은 점점 깊어졌다. 더구나 아들을 목사로 만들려는 아내와, 정치 쪽에 관심을 가져야 한다는 만델라 사이에 의견 대립이 심했다.

"아들까지 백인들에게 대항하는 사람으로 만들 수 없어요."

아내의 입장은 매우 강경했다. 그러나 만델라는 아내 에블린 메이즈와 완전히 대립적인 생각을 한 것이다. 결국, 두 사람은 이혼하는 가정적 비극을 맞았다.

"만델라여! 법복을 벗어 던져라!"

만델라는 비밀 전투 조직에 샤카의 군사 훈련과 군사적 조직을 본받아 적용하기로 하였다.

샤카의 군사적 주장은 다음과 같이 매우 구체적이었다.

"나이에 따라 군대를 조직하고 군사 훈련을 해야 한다. 적을 무찌르고 괴멸시키기 위해서는 백병전이 필요하다. 먼저 적을 포위할 수 있는 전략을 세워야 한다. 그런 다음에 적을 공격하는 전법이 필요하다."

군사 훈련 과정을 발표한 뒤에 만델라는 민족회의 서기 마사발라타 엔그와의 시 〈먹이가 된 새는 적을 가차 없이 죽인다〉를 들려주며 그 정신을 본받자고 강조하였다.

"먹이가 된 새는 적을 가차 없이 죽인다. 우리가 독립을 쟁취하

고 인권을 누리기 위해서는 목숨을 기꺼이 바칠 각오가 되어 있어
야 한다. 이 시를 쓴 시인은 바로 민족회의 서기 마사발라타 옌그
와이다. 그는 줄루족 노동자의 아들이다."

만델라가 시인을 소개할 때 모두가 외쳤다.

"시인은 바로 우리의 샤카다!"

모두가 우렁찬 환호와 함께 함성을 터뜨리면서, '영웅의 영광'
을 합창하였다.

샤카는 남아프리카공화국에서는 나폴레옹으로 여기는 인물이
다. 군대의 편성과 군사적 전략의 기본 틀을 과감하게 바꿔놓은
인물로 존경한다. 특히 그는 남아프리카에서 살고 있는 사람들은
역사·문화적으로 조국과 민족에 대한 사랑으로 연결되어 있는
민족주의자들이므로, 흑인이건 인도인이건 비백인들이건 구별할
필요가 없다고 생각하였다.

그런 생각을 가지고 있었기에 19세기 초에 강력한 군사 조직으
로 남아프리카 동해안 일대를 통일하고 군사 왕국을 다스렸던 것
이다.

만델라도 샤카와 생각이 같았다. 인간의 존엄과 인격, 자유와
평등, 사랑과 우애라는 큰 테두리 안에서는 흑인이건 인도 사람이

건 비백인이건 모두가 차별이 없고 동등하며 하나라는 것이다.

남아프리카공화국에 살면서 백인들로부터 인종차별을 받으며 살아가는 모든 사람들은 하나같이 만델라에게 강력하게 요구하였다.

"만델라여! 변호사 법복을 벗어 던지시고 칼을 들라! 백인의 지독한 인종차별에서 벗어나기 위해서는 그 길밖에 없다. 그렇게 하면 우리도 무조건 따를 것이다!"

만델라는 흑인들의 강력한 요구를 받아들였다. 모든 일에서 손을 떼고 오직 정치에 모든 것을 걸었다. 개인적인 직업의식이나 일을 떠나 공공의 이익 곧 흑인을 비롯한 비백인들의 인권을 찾는 일에 신명을 바치겠다고 맹세하였다.

만델라는 "정치는 운명이다."라는 나폴레옹의 말을 되새겼다. 정치는 경력이 아니라 소명이고 모두의 평화를 이룩하는 원대한 작업이다.

'자유헌장'을 수정하다

만델라는 백인들이 만든 '자유헌장'을 고치는 수정 작업에 손을 댔다.

'자유헌장' 수정안에 정부 정책에 반대하는 내용과 입장을 분명하게 담았다.

> 남아프리카는 백인이건 흑인이건 여기에 살고 있는 모든 사람들의 나라이다. 어떤 정부건 그 정부가 인민의 의사에 기초하지 않거나 부합되지 않는다면 그 권위를 정당화할 수 없다.

만델라가 수정한 '자유헌장' 수정안은 1955년 6월 소웨토 운동장에서 열린 민족회의 지역 대표자 회의에서 뜨거운 지지를 받으며 통과되었다.

이때 참석한 사람이 1,000여 명에 이르렀다.

지역 대표자 회의에서 통과된 '자유헌장' 수정안은 그 뒤 남아프리카 민족회의에서 격렬한 토론 끝에 승인되었다.

'자유헌장' 수정안은 남아프리카 정부가 인종주의에만 근거한 정책으로 백인이 아닌 흑인들과 비백인들을 차별하는 데 대해 민족회의는 인종주의를 부인하는 것이 골자였다.

이로써 백인 중심의 남아프리카 정부 정책을 반대하는 비백인들의 분노를 민족회의가 받아들인 것이다.

'자유헌장' 수정안이 승인된 뒤, 만델라는 비밀 전투 조직 '계획 M'의 실행을 하나하나 본격적으로 실천하는 일에 정성을 쏟았다.

"우리가 하는 일에 대하여 그 어떤 압력도 거부한다. 오직 우리는 흑인들의 인권을 찾기 위해 험난한 가시밭길을 가야만 한다."

만델라의 예언은 사실로 다가왔다.

샤카 Chaka, 1787~1828년

남아프리카공화국 동해안 줄루 왕국의 왕. 왕자로 태어났으나 어머니와 함께 추방당하여 무세스와족의 딩기스와요 왕의 도움을 받으며 자랐다. 전사로서 군사 훈련을 받고 사령관이 되었다.

1816년 아버지가 사망하자 딩기스와요 왕의 지원을 받아 줄루 왕의 후계자를 죽이고 왕이 되었다. 군사 조직을 개편하고 군사 전략의 기본 틀을 바꾸어 '소의 뿔'이라는 전투 대형을 만들어 강력한 군사 왕국을 건설하였다.

무세스와족과 나탈르 일대를 통합하고 베제족도 통합했으며, 남아프리카 동해안 지역을 통일하여 강력한 군사 왕국을 다스렸다.

03 치열한 법정 싸움

'엉터리 재판'에 항의

남아프리카 백인 정부는 만델라를 포함한 154명에게 '시민 불복종 캠페인'과 '소피아 타운의 강제 철거 항의' 그리고 '자유헌장 수정'이라는 죄를 뒤집어씌우고 반역자라고 잡아다 가둬놓았다.

국방부 장관과 법무부 장관을 지낸 오스왈드 피로우가 담당 검사로 나섰다. 그 검사는 남아프리카공화국의 비백인 차별 정책은 아주 정당하다고 주장하였다. 그는 한때 히틀러를 무척 존경하였던 인물이다.

"히틀러는 우리 시대에 가장 위대한 인물이었다."

그렇게 생각했던 그가 만델라와 동료들을 기소하면서 이런 혐의를 붙였다.

"만델라와 그를 추종하는 피고인들은 폭력으로 정부를 전복한 뒤, 공산주의 국가를 세우려는 목적으로 전국에 걸쳐 불복종 저항 운동을 대규모로 음모하고 추진한 반역자들이다."

이런 기소 이유는 다분히 만델라가 수정한 '자유헌장' 문구의 내용이 공산주의 성격과 이념에 부합된다는 것이라고 본 것이다. 그러자 검사에 맞서 만델라와 반역자로 몰린 사람들을 변호하기 위한 변호인단이 꾸려졌다. 평생 만델라의 친구가 되겠다고 나선 브람 피셔와 베르농 베랑주 변호사를 비롯해 쟁쟁한 변호사들이 변호인단으로 모였다. 변호인단은 만델라가 무죄이며 국가 전복의 뜻이 없고, 비백인 차별 정책을 취소하려는 것임을 강조하고 그 사실을 밝혀내기 위한 변론 준비에 나섰다.

"먼저 고소 조항을 부인하기 위한 전략을 세워야 한다."

"그렇다! 엉터리 조작 죄명임을 입증하는 싸움을 벌여야 한다."

변호인단은 재판에 대비한 준비를 철저하게 하였다. 드디어 재판이 시작되었다.

남아프리카공화국 당국은 이 재판에서 법을 부당하게 적용할 수밖에 없었다. 군대와 경찰이 법정을 에워싼 가운데 정부의 입맛대로 판결하기 위해 재판을 끌고 나갔다.

검사와 변호인단의 치열한 법정 공방전이 벌어지면서 재판은 계속되었다.

그러나 시간이 흐르면서 여론은 만델라와 피고인 모두에게 죄가 없다는 쪽으로 이미 기울고 있었다.

기소된 지 1년 반이 지났다. 1958년 10월 15일, 검찰은 고소를 취하한다고 선언하고 말았다. 이때 만델라는 이렇게 말하였다.

"정부의 음흉한 책략은 조롱거리가 되었다. 우리는 결코 반역자들이 아니다. 우리는 무죄로 풀려날 것임을 이미 알고 있었다."

만델라에 대한 기소는 취하되었지만, 153명에 대한 재판은 끝나지 않았다. 다만, 만델라가 석방된 뒤 123명도 풀려났으나, 나머지 30명의 재판은 계속되었다.

이들에 대한 재판의 핵심은 카푸 전투사들의 무장 반란을 일컫는 정부 전복의 용어를 끌어내어 노예 전쟁을 막자는 것이었다.

백인 정권은 자신들의 정책은 옳고, 피고인들은 법을 어겼다는 주장이다. 기소장에 쓴 단어가 무려 1만 8,000개나 되었다. 이처럼 방대한 기소장 문안을 심리하는 데만 1년이 걸렸다.

문제는 피고인들을 최고 법정에 세워 처벌하려는 것이었다. 재판은 2년 반 동안 계속 이어졌다.

"가장 엄정한 법이 가장 부정한 법이다."

변호인들은 고대 로마의 정치가 키케로의 말을 다시금 들먹거리며 검찰을 조롱하였다. 이 말은 법률 만능주의자들이 권력을 행사하는 곳에서는 불의가 심하다는 것이다.

만델라는 이 재판에 진저리를 치면서 재판의 결과를 예상하고 동료들에게 설명하였다.

"나는 우리의 재판이 법적인 문제로는 단순한 갈등이다. 그것은 오직 도덕적인 사상과 부도덕한 사상 차이에서 일어난 갈등이다. 그것이 논쟁의 핵심이다."

도덕과 사상의 본질적인 문제를 놓고 논쟁하면서 의견의 충돌이 점점 깊어졌다. 법무부장관은 재판에 대해 이렇게 말했다.

"이 재판은 언젠가 끝난다. 아무리 많은 비용과 시간이 든다 해도 언젠가는 끝날 것이다."

이는 남아프리카공화국의 백인 중심 정치가 합법적이라는 것을 강조하는 말이다. 변호인들은 법무부장관의 이 말에 코웃음을 지었다.

"지구촌에서 가장 강한 독재 정부였던 소련의 스탈린은 '소련이 세상에서 가장 민주적인 나라'라고 큰소리쳤다. 그 말이 지금 요하네스버그에 적용되고 있다."

키케로 M. T. Cicero

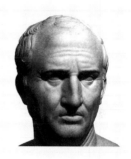

기원전 106~기원전 43년. 고대 로마의 정치가, 사상가, 웅변가. 아르피노 귀족 집안에서 태어났다. 법정 변론가로 이름을 떨쳤고 아테네와 소아시아 등에서 공부하였다.

원로원 의원을 거쳐 시칠리아 재무관이 되었다. 이때 악독한 총독 베레스를 법정에 세워 논쟁을 펼친 끝에 이겼다. 이때의 탄핵을 '베레스 탄핵연설'이라고 한다.

빈민들의 불만을 이용해 반란을 일으키려던 카릴리나 일파의 음모를 진압하여 '국부國父' 칭호를 받았다.

'카탈리나 탄핵연설'과 독재자 카이사르(시저)를 비판하고 안토니우스의 독선을 비판한 '안토니우스 탄핵연설' 등을 남겼다. 안토니우스의 부하에게 살해되었다. 《국가론》, 《법률론》, 《신神들의 본성》 등 많은 저서와 서간문은 후세에 끼친 영향이 매우 크다.

다시 감옥으로

1958년 4월, 악명 높은 총선거를 사흘 앞두고 선거 반대파의 시위 파업이 이어졌다. 그러나 당국의 철저한 단속으로 파업은 흐지부지 자취를 감추었다.

200만 명의 백인이 1,300만 명의 흑인들을 따돌리고 백인들만이 투표한 선거판이 벌어졌다.

만델라는 당초부터 이번 파업은 성공하기 어려울 것이라고 말했다. 이유는 당국이 그냥 내버려 두지 않을 것이라고 보았기 때문이다. 그것이 사실로 드러났다.

"아프리카 민족회의는 흑인들의 피난처가 되어야지, 감옥이 되어서는 안 된다."

이렇게 개탄한 만델라는 어느 날 다른 지도자들을 만나기 위해 요하네스버그 병원 앞을 지나가는 길이었다.

그때 병원 앞에서 버스를 기다리는 예쁜 여성을 보았다.

"괜찮은 여성인데……."

그로부터 몇 주가 지났다.

만델라는 탐보의 법률사무소로 들어가다가 그 여성을 다시 만났다.

강한 인상에 이끌렸다.

"첫눈에 반한 것일까? 묘한 만남이군!"

여성의 이름은 놈자모 위니프래드 마디키젤라, 그녀의 이름 '놈자모'는 '싸우는 여인'이라는 뜻이 담겨 있다. 긴 이름을 줄여서 '위니'라고 하였다.

위니는 병원에서 사회복지사로 일하는 유일한 흑인 여성이다.

│넬슨 만델라와 위니

만델라는 위니와 함께 흑인들도 들어갈 수 있는 인도식당으로 들어갔다. 두 사람은 서로 사랑에 빠졌다. 그때 만델라는 아내와 이혼하고 몇 달이 지난 뒤였다. 만델라는 곧 감옥으로 끌려갈 운명이므로, 법률사무소를 더 운영할 수도 없는 몸이었다. 그러나 사랑하는 위니에게 솔직하게 자신의 처지를 털어놓지 않을 수 없었다.

"위니! 나와 결혼하자!"

위니도 만델라를 좋아하고 있던 터라, 주저하지 않고 그의 청혼을 망설임 없이 받아들였다. 그러나 위니의 아버지는 딸의 결혼을 기뻐하지 않으면서 이렇게 말했다.

"위니! 너는 싸우는 남자와 결혼한다. 네 남편이 마술사라면, 너는 마녀가 되어야 한다."

만델라는 위니와 재혼한 뒤 이렇게 말했다.

"위니의 용기에 반했다. 위니의 지성과 열정, 젊음과 고집, 그리고 빛나는 눈빛에 나는 빨려들어 갔다. 나는 여성을 만나 첫눈에 사랑이 찾아올 것이라는 생각을 하지는 않았다. 그러나 위니를 본 순간 아내로 맞고 싶었다."

신혼여행을 마친 다음 날 만델라는 다시 감옥으로 들어갔다. 위니는 만델라가 감옥에 있을 때인 1958년 2월 딸을 낳았다. 제나니라는 이름을 지어 주었다. 제나니라는 말은 "아가야! 너는 이 세상에서 무엇을 가져왔느냐?"라는 뜻이다.

표범 가죽옷 입고 법정에 출두

만델라는 1962년 10월 15일 다시 법정에 섰다. 반란 선동죄와 주거지 이탈죄로 재판을 받게 된 것이다.

"나에게 또다시 엉터리 죄를 씌워 재판한다."

만델라는 양복에 넥타이를 매는 평상복 대신에 표범 가죽으로 만든 카로스 옷을 입고 법정으로 들어섰다. 이 옷은 아프리카 흑인들의 상징성을 가장 잘 보여주는 옷이다. 만델라가 이 옷을 입은 까닭은 백인들에게 강력하게 항의하는 의지를 드러내기 위해서다. 아프리카 흑인 사회의 고귀한 역사와 전통을 계승하는 옷을 입고 법정에 들어섬으로써, 인종차별에 반대하는 강력한 의지를 옷으로 보여주기 위한 작전이다.

한편으로는 시민 불복종 저항운동 탄압에 대한 항의 표현과 동시에 아프리카 흑인 전통 의상으로 백인들의 의기를 꺾어놓겠다는 의지이기도 하다.

백인 법정에서 아프리카 흑인의 이미지를 강조하는데 카로스보다 더 확실한 옷은 없다고 만델라는 생각한 것이다.

백인 재판장이 말했다.

"사냥꾼 같군!"

"사냥꾼이 아닙니다!"

"그렇다면?"

"아프리카 전통 의상입니다."

"전통 의상? 좋다!"

백인 재판장은 이마를 찡그리면서 재판 기록을 살폈다.

"반란을 선동한 것을 인정하는가?"

"결코, 인정할 수 없다."

"거주지를 허가 없이 마음대로 이탈했는데?"

"흑인들에게도 거주의 자유, 활동의 자유가 있다."

재판장과의 논쟁이 계속 벌어졌다. 재판장은 만델라를 쏘아 보았다. 재판 분위기는 무척 무겁고 냉랭하였다. 재판장은 만델라에게는 실형을 선고하였다.

"반란 선동죄 선고 징역 3년, 거주지 무단 이탈죄 2년, 강제 노역에 처함."

이로써 만델라는 프리토리아 형무소로 끌려갔다.

04 이상한 나라의 재판

5년 동안 질질 끌다가 무죄

피고인들이 법정에서 말할 수 있게 된 것은 체포 이후 무척 오랜 시간이 흘러간 뒤였다. 반역죄로 체포된 뒤에 2년 8개월이 지나고 재판이 시작되었으며, 재판이 시작되고부터 또 1년 7개월이 지나서야 비로소 피고인에게 말할 기회가 주어졌다.

민족회의 의장인 루툴리 대장이 변론문을 낭독하였다.

"이 재판은 '사회가 결함이 있다는 이유로 판사가 법을 왜곡해서는 안 된다'는 나라, '현행법을 존중해야 하는 것이 판사의 신성한 의무'라고 주장하며 부조리를 보증하는 나라, 참으로 이상한 나라의 재판이다."

검사는 물론 판사들도 입을 다물었다. 그로부터 반대 심문만 3

주일 동안 이어졌다. 반역죄 재판은 질질 시간만 끌다가 드디어 1961년 3월, 사건 발생 이후 5년이 지난 뒤에야 끝났다.

재판부가 반역죄 재판의 무죄를 선고하는 판결을 내린 것이다.

"아프리카 민족회의는 근본적으로 현행 정부와는 다른 국가 형태를 세우고자 하였다. 이를 위해 불법적인 불복종 저항운동을 사용하였다. 그러나 검찰이 제기한 주요 고발 내용을 인정하기에는 증거가 불충분하다. 법정에 제시된 모든 기록에 따르면 본 법정은 남아프리카 민족회의가 정부에 대해 직접적인 폭력 행위를 저지르도록 국민 대중을 선동하고, 그 힘으로 국가 정부를 무너뜨리고 권력을 잡으려고 했다는 결론을 내릴 수 없다."

재판장이 판결문을 낭독하는 순간 모든 피고인들은 숨을 죽이고 조용히 들었다.

"무죄를 선고한다."

마침내 정의를 인정해 무죄가 선포되자 일제히 환호하였다. 법정을 넘어 남아프리카 전체가 기뻐하며 열광하였다.

"정의가 이겼다!"

"참으로 올바른 판결이다!"

만델라는 남아프리카 민족회의가 얼마나 진정으로 흑인과 백인 사이에 화합하고 서로 존중하기를 바라고 있는지에 대해 적절하고도 진지하게 설명하는 이상적인 인물이라는 평가를 받았다.

만델라는 3년 동안의 침묵과 사회 활동 금지라는 정치적 유배를 당한 뒤에, 자신의 생각을 자유롭게 발표할 수 있는 자격을 얻었다. 이에 그가 밝힌 첫 마디 주장은 매우 설득력이 있었다.

"남아프리카 민족회의는 비폭력 운동을 전개한다. 사람은 누구나 근본적으로 착하며 인간과 민족이 부당한 공격을 받으면 즉시 방어하는데 이는 매우 정당하고 당연한 일이다. 그것은 인간의 본성이다.

흑인들도 부당한 공격에 대항하기 위해 힘을 모으고 행사할 수 있는 권리가 있다. 남아프리카 백인들의 마음도 바뀌어야 우리가 행복하게 함께 살아갈 수 있을 것이다."

비폭력 저항운동 포기

1960년 3월, 경찰의 샤프빌 학살로 군중들이 살상된 데 이어 민족회의에도 금지령이 내려졌다. 그러자 만델라는 그때까지의 비폭력 노선을 포기하고, 백인 정부의 인종차별 정책이 잘못된 것이라고 외치면서 시민 불복종 저항운동을 계속하였다.

그러나 백인 정부는 만델라에게 시민들을 선동한다면서 또 죄를 뒤집어씌운 뒤 체포하여 1962년 만델라에게 5년 징역형을 선고하였다.

1963년에는 참으로 이상한 재판을 또 받았다. 감옥에 갇혀 있는 만델라와 동료들에게 일을 하면서 능률을 떨어뜨리는 사보타주 행위와 반역죄, 공모죄로 다시 재판을 연 것이다.

이 재판을 '리보니아 재판'이라고 부른다.

경찰은 요하네스버그 교외의 경치 좋은 리보니아에 있는 민족회의 본부를 갑자기 습격하였다. 이 본부는 '국민의 창'으로 불리는 곳으로 전투 조직을 일컫는다.

경찰은 이 본부를 습격하여 많은 무기와 장비들을 압수하였다. '국민의 창' 설립의 산파역을 맡았던 만델라를 또다시 법정에 세웠다. 그때의 죄명은 내란 음모 혐의였다. 만델라는 최후 진술에서 이렇게 당당히 진술하였다.

"나는 백인이 지배하는 사회에 맞서 싸웠고 또한 흑인이 지배하는 사회에도 반대해 싸웠다. 모든 사람이 함께 조화를 이루고 동등한 기회를 누리는 민주적이고 자유로운 사회에 대한 이상을 간직하고 있다. 그런 사회야말로 내가 살아가는 목적이고 이루고 싶은 이상적인 사회이다. 하지만 필요하다면 그런 이상을 위해 나는 죽을 준비가 되어 있다."

이 말은 특정한 인종과 세력이 지배하는 세상이 아니라, 모두가 다 함께 살아가는 평등한 세상이 되어야 한다는 것이다.

'자유로운 사회가 되어야 한다.'는 만델라의 꿈은 그런 사회를 위해 '죽을 준비가 되어 있다'는 강한 말로 그의 의지를 분명하게 밝힌 것이다.

만델라에게 종신형 선고

1964년 6월 11일 재판부는 만델라에게 종신형을 선고하였다.

종신형은 사회에 있으면 시끄러우니까 죽을 때까지 감옥에 갇혀 있으라는 말이나 다름없다. 이렇게 하여 만델라는 1964년 케이프타운 앞바다의 로번 섬 교도소에 갇혔다.

여기는 아프리카 대륙의 가장 남쪽 끝 희망봉에서 멀리 떨어진 외딴 섬, 배를 타고 1시간 이상 가야 하는 곳이다. 로번 섬 감옥에서 몇 년 뒤에 다시 삼엄한 경비로 악명 높은 폴스무어 교도소로 이송되어 감옥살이를 하였다.

만델라는 폴스무어 감옥에서 남아공의 월드컵 축구대회 개최를 구상했고, 대통령이 된 뒤에 실천했다.

만델라는 언제나 머리를 태양을 향해 똑바로 치켜들고 첫발을 힘차게 내딛는다고 스스로 밝힌 적이 있다. 그것은 세상을 긍정적으로 바라보고 모든 일을 정정당당하게 생각하는 낙관론이라는 것이다.

"인간성에 대한 나의 신념이 유혹에 흔들리기도 하고, 혹독한 시련을 겪는 어두운 순간도 겪었다. 하지만 나는 절망에 굴복하지 않으려고 노력하였고 굴복할 수도 없었다. 그것은 곧 패배와 죽음의 길이었기 때문이다."

만델라는 종신형 감옥살이를 하면서 이렇게 말했다.

"나는 감옥에서 죽을 것이라는 생각을 한 번도 하지 않았다. 준비만 잘한다면 언젠가는 자유인으로 아프리카 대지를 두 발로 걸을 것이라는 낙관적인 생각을 하였다.

처음엔 힘들고 거칠었던 감옥 생활이 여러 번에 걸친 감옥살이 투쟁으로 점점 개선되고, 교도관과도 친하게 지내게 되었다. 그래서 로번 섬은 마치 정치범들의 대학과 같은 느낌으로 여겨지는 순간도 있었다."

04

하늘의 뜻

01 종신형에서 석방

은밀한 유혹

1985년 새해가 밝았다. 백인 정부의 법무장관은 관료 몇 명을 데리고 은밀히 폴스무어 감옥을 찾아가 만델라를 만났다.

"만델라, 우리는 당신과 협력할 수 있다. 잘 생각해 봐요. 그러나 민족회의 회원들과는 협력할 생각이 없다."

"장관, 나는 조건부 협력은 안 하겠소!"

"왜 그러나?"

"흑인들의 희망이 백인 여성과 결혼하자는 것도 아니고, 백인들의 수영장으로 들어가려는 것도 아니라는 것을 나는 잘 알기 때문이오. 그런 조건부 협력은 아무 쓸모도 없다는 것이오."

만델라는 협력이라는 이름 아래 음흉한 게임을 하자는 음모로 여기고 제의를 거절했다.

1월 31일 드디어 빌렘 보타 총리가 만델라를 석방하자는 제안을 의회에 제출하였다.

"폭력을 정치적 수단으로 쓰지 않겠다고 약속한다면, 만델라를 석방하는 것이 어떤가?"

그러자 반대의 목소리가 터져 나왔다.

"갑자기 무슨 말을 하는 거요?"

"반역 죄인을 석방하라니 말이 됩니까?"

"총리여! 지금 제정신이오?"

하지만 한쪽에서는 큰 소리로 찬성이 쏟아졌다.

"총리 제안에 찬성합니다."

"만델라는 죄인이 아니다. 백인 정부에서 억지로 만든 죄인이오."

의원들이 격론을 벌였다. 갑자기 의회가 소란스러워졌다.

"정부에서 만델라에게 답변서를 받아 오시오. 그러면 의회에서 가부를 결정하겠소."

소란은 일단 가라앉았다. 며칠 후 드디어 만델라의 답변서가 왔다. 그런데 정부로 보낸 것이 아니라 가족에게 보낸 것이다. 이유는 정부가 우스꽝스러운 일을 그만 둔다면, 협력의 길은 열릴 것이라는 메시지를 가족을 통해 정부에 알리기 위해서다.

1985년 2월 10일 일요일, 만델라의 답변서를 공개하는 집회가 소웨토 경기장에서 열렸다. 그의 답변을 들으려는 수많은 사람이 경기장으로 몰려들었다.

만델라의 둘째 딸 진지스와가 아버지의 답변서를 들고 연단에 올라섰다.

스물다섯 살이 된 진지스와는 아버지가 종신형으로 감옥에 들어간 지 1주일 뒤에 태어나 이제까지 아버지와 헤어져 고아처럼 자랐다.

만델라의 답변서가 공개되기 시작하였다.

"여러분! 나의 아버지가 말씀하셨어요."

진지스와의 첫 마디에 모두가 숨을 죽이고 귀를 세웠다.

딸은 아버지의 메시지를 읽기 시작하였다.

"정부가 나를 석방하겠다며 조건을 걸었다. 그 조건에 나는 경악했다. 나는 폭력적인 사람이 아니다. 우리에겐 모든 저항이 금지되어 있기 때문에 무력 투쟁을 할 수밖에 없다. 폭력을 포기해야 할 사람은 바로 보타 총리이다. 그가 제발 아파르트헤이트를 해체하기를!

민중들이 자기들을 다스려줄 사람을 스스로 선택하도록 자유로운 정치 활동을 보장하기를!

나에게는 자유가 소중하다. 그러나 여러분의 자유가 더 소중하다고 나는 생각합니다."

딸이 낭독하는 만델라의 이야기가 끝나자 모두가 손을 흔들며 '아프리카 찬가'를 힘차게 합창하였다.

소웨토 경기장이 떠나갈 것처럼 감동의 노래가 하늘 높이 솟아오르며 메아리쳤다. 딸의 입을 통해 발표된 만델라의 의지는 군중들의 '아프리카 찬가' 합창으로 이어지면서 경이로운 파장을 일으켰다.

오랫동안 침묵하던 흑인들의 감정이 다시 폭발한 것이다. 그날 저녁 고집쟁이 보타 총리는 텔레비전을 통해 만델라를 또 무차별하게 공격하였다.

"만델라는 다시 한 번 뻣뻣하고 사나운 성격을 보여주었다. 만델라는 우리가 제안한 평화의 협력 과정 수용을 거부하였다."

무차별 체포 명령

민족회의 회원들은 정부의 인종차별 정책에 반대하는 시위를 계속하였고, 경찰은 과격 시위 때마다 이들을 탄압하고 무차별로 체포하였다.

그럴 즈음 만델라는 전립선을 수술하고 감옥 안의 침대에 누워 있었다. 법무장관이 정보국 직원 몇 명을 데리고 또 은밀히 찾아왔다.

"아직도 고집인가?"

"조건부 협력은 안 한다는 것이 나의 신념이오!"

"역시 고집불통이군!"

1988년 7월, 만델라는 70회 생일을 감옥에서 맞았다. 생일 축하 카드가 쏟아져 들어왔다. 영국 런던에서는 BBC 방송이 만델라 생일을 기념하는 대규모 록 콘서트를 열었다.

그러자 '강철 총리'로 소문난 대처가 노발대발하였다.

"왜들 이러나? 모두 제정신이 아니군!"

종신형으로 감옥에 갇힌 만델라의 생일을 기념한 것이 못마땅하다는 분노였다.

그럴 즈음 남아프리카에서는 만델라의 두 번째 아내 위니가 불량배들이 만든 '만델라 축구 클럽'을 후원하고 있었다. 이 클럽은 만델라를 돕는 것이 아니라 괴롭히기 위해 경찰이 불량배들을 유혹하여 만든 것이다. 그러나 대부분의 흑인들은 그 클럽이 정말 만델라를 돕기 위해 생긴 것으로 알았다.

그런 가짜 조직에 위니가 빠져든 것이다. 위니는 축구 클럽 본부를 만델라의 집에 차리도록 허락한 뒤 말했다.

"우리 집은 무력 투쟁의 최전선이다."

어느 날, 클럽 회원들끼리 싸우다가 만델라의 집에 불을 질러 잿더미가 되고 말았다. 그 불로 말미암아 집에 보관되어 있던 만델라의 기념물과 사진들이 모두 불에 타 없어졌다. 위니는 한 후원자가 제공한 임시 거처로 옮겨 반년 이상을 축구 클럽 불량배 회원들과 함께 지냈다. 사실 위니는 만델라의 아내로서 품위를 잃고 남편의 신분을 깎아내리는 행동을 계속하였다.

위니는 종신형을 선고받고 감옥살이를 하는 남편 만델라로부터 이미 마음이 떠난 것이다. 축구 클럽 선수들이 한 흑인을 죽인 살인 사건에도 위니가 연루되어 형사 재판을 받았다. 미국 여행을 갈 때 젊은 연인과 같이 가서 부끄러운 태도를 보여 많은 흑인들로부터 실망과 비난의 소리를 들었다.

만델라는 감옥에서 자택이 불에 타 버렸다는 소식을 듣고 크게 실망하면서 이렇게 말했다.

"나의 석방 때 쓰려고 위니가 간직한 케이크 조각까지 잃어버렸군!"

석방을 위한 비밀 협상

만델라의 석방을 위한 조건부 비밀 협상은 계속되었다. 비밀 협상의 주인공은 만델라가 아니라 백인 정부의 정보국장이었다. 협상에 시달린 만델라는 지치고 몸이 더 허약해졌다.

이때 폐결핵 증세가 나타나 입원 치료를 받았다. 비밀 협상은 병원 침대에서도 이어졌다.

"협상에 무슨 조건이 필요한가? 나를 죄인으로 만든 정부에서 나의 죄를 풀어주면 되는 것인데……."

드디어 1988년 12월 9일, 만델라는 감옥 감방을 떠나 감옥 안에 있는 별채 건물로 옮겨졌다. 형무소 소장을 위해 마련된 별채인데, 정원과 수영장이 있고 쇠창살도 없는 건물이다.

만델라는 별채로 옮긴 뒤 말했다.

"감옥 문도 없고, 감옥 생활의 시간표도 없으며 확인 점호도 없다. 더구나 요리를 전담하는 가정부까지 있다. 감옥 안에서 자유를 느낄 수 있는 황홀한 곳이다. 내가 자유의 몸이 되었는가?"

정부와의 비밀 협상은 계속되었다. 자유롭다는 것, 협상한다는 것, 그리고 협상하고자 찾아오는 관리들, 모두가 만델라에게 달콤한 말로 유혹하면서 폭력을 포기하라고 협박했다. 만델라는 그때마다 자기의 뜻을 분명히 말했다.

"나는 폭력을 좋아하지 않는다. 당국에서 그렇게 만들고 있다. 분명히 말하지만 폭력은 정부에서 먼저 버려야 한다. 그러면 협상은 끝난다. 지금과 같은 갈등과 투쟁은 남아프리카를 파멸시킬 뿐이다. 조건부 협상으로는 재앙을 막지 못한다.”

1990년 2월 2일, 마침내 긴 협상은 끝났다.

새로 취임한 클레르크 대통령은 백인 정부에 맞서 싸우다가 죽은 수많은 사람이 무덤 속에서 만세를 부를만한 조치들을 무더기로 쏟아냈다.

“아프리카 민족회의를 비롯하여 32개의 불법 인권단체들에게 내려졌던 모든 금지령을 해제한다. 모든 사상범을 석방하고 사형의 중지를 선언한다.”

수백 년 동안 이어온 낡은 제도들을 불과 1분도 채 안 되어 모두 없애버린 것이다. 만델라는 감옥에서 환영했다.

“정말 깜짝 놀랐다. 천지개벽이다.”

그러나 만델라는 아직 감옥에 갇혀 있었다. 흑인들의 여론은 점점 만델라 쪽으로 기울었다.

“만델라를 즉시 석방하라!”

국제사회에서도 만델라를 석방하라는 여론이 점점 높아졌다. 이로써 만델라는 감옥에 갇혀 있으면서도 아프리카의 큰 별로 존경을 받았다. 그러자 정부가 더 머뭇거릴 수가 없었다. 그로부터 1주일이 지났건만, 석방의 마무리가 잘 이루어지지 않았다. 그러자 성공회 주교 데스몬드 투투가 마지막 결단을 촉구하였다.

"지난 27년은 만델라에게 강철 같은 성격을 연마시켜 주었다. 그 시간이 없었다면 그는 아마도 그런 확고한 신념과 아량, 그리고 연민을 보여주지 못했을 것이다. 그가 견디어온 고통들이 그 어떤 것과도 바꿀 수 없는 권위와 신뢰를 주었다."

클레르크 대통령이 만델라를 소환했다.

"내일 석방될 것이오!"

"아프리카 민족회의가 새롭게 정비되도록 1주일의 여유를 주시오!"

"고려해 보겠지만, 기대는 마시오."

사실상 27년 동안 기다려온 석방의 날을 1주일 연기해 달라는 만델라의 요구를 거절한 것이다. 이유는 간단하다. 1주일의 여유를 주면 민중들이 환영 대회를 연다면서 시위하는 일이 벌어질 것이며, 그로 말미암아 엄청난 사태가 벌어질 수 있다고 생각한 때문이다. 그래서 당장 내일 석방한다는 방침이다.

27년 감옥살이를 마치고

1990년 2월 11일, 만델라는 아침 일찍 책 보따리와 서류 뭉치를 들고 감옥 문을 나왔다. 이른 아침부터 장사진을 이뤄 기다리고 있는 수많은 동지들 앞에 역사적인 영웅으로 다시 우뚝 섰다.

만델라는 오른손을 번쩍 들어 올렸고, 군중들은 환호성을 터뜨렸다. 그리고 동지들을 향해 감격의 석방 연설을 하였다.

"친구들이여! 동지들이여! 그리고 남아프리카 동포들이여!

모든 인류를 위한 평화, 민주와 자유의 이름으로 여러분에게 인사드립니다. 나는 예언자로서가 아니라 당신들 모두의 종으로, 인민들의 미천한 종복으로 여기 여러분 앞에 섰습니다.

여러분의 지칠 줄 모르는 영웅적 희생이 오늘 저를 여러분 앞에 다시 서게 하였습니다. 이제 저에게 남아 있는 날들을 여러분을 위해 바치겠습니다."

"만델라! 만델라! 만세!"

"우리의 지도자 만델라 만세!"

수많은 사람이 만델라를 외치며 환호하였다.

만델라는 동지들의 열광에 잠시 연설을 멈추었다가 다시 말을 이었다.

"나는 여기 여러분 앞에 서 있는 선지자先知者가 아니라, 여러분의 천한 종으로 서 있습니다. 우리는 이제 분열이 아니라, 새로운 통일을 이룩해야 할 것입니다.

자유를 향한 발걸음을 되돌릴 수는 없습니다. 우리는 두려움이 앞을 막도록 내버려 두어서도 안 됩니다. 통일되고 민주적이며 인종차별이 없는 남아프리카를 세워야 합니다. 모든 유권자들이 주인으로서 참여하는 보통선거만이 평화와 인종 사이에 조화를 이루는 나라로 만들 수 있는 힘입니다. 그 길만이 우리가 선택해야 하는 유일한 길입니다. 나는 그 길로 가기 위해 죽을 각오가 되어 있습니다."

만델라가 27년의 길고 긴 세월 동안 감옥살이를 한 끝에 석방된 것은 자유의 간절한 소망을 완성하는 사건이다.

이로써 인종차별 문제로 시달려 온 남아프리카공화국의 운명은 새로운 국면으로 접어들었다. 국가의 모든 기관을 장악한 백인 대통령과, 비록 승리를 했지만 아무것도 손에 쥔 것이 없는 흑인 지도자 한 사람에게 남아프리카의 미래가 맡겨진 셈이다.

해가 바뀌고 1991년이 밝았다. 만델라는 계속해서 남아프리카의 민주주의를 위해 정부 당국과 줄다리기 협상을 거듭하면서 세력을 확산시켰다.

드디어 7월 2일, 더번에서 30년 만에 남아프리카 민족회의 전국 회의가 열렸다.

민족회의 지도자를 새로 선출하는 회의였다. 여기서 만델라는 탐보의 뒤를 이어 새로운 의장으로 선출되었다. 한 사람도 반대가

| 1991년 7월 7일 아프리카 민족회의 의장으로 선출된 만델라와 위니

없는 만장일치였다.

만델라는 회원들을 향해 취임 연설을 하였다.

"여러분! 우리는 이제부터 불복종 저항운동의 방향을 실용주의 노선으로 바꾸겠소.

어떤 대가를 치르더라도 단결하고, 남성이건 여성이건 가리지 말고 아파르트헤이트를 없애는데 힘을 모으고, 누구나 똑같이 한 표씩 투표하는 민주주의로 만들어야 하오. 이는 남아프리카 국민의 의무이자 내가 고독과 갈등 속에서 27년 동안 감옥살이를 하면서도 끝까지 지켜온 목표라오. 나는 반드시 350년이나 계속되고 있는 인종차별을 없애도록 하겠소!"

"만델라 의장 만세!"

"우리의 영웅 만델라 만세!"

우레와 같은 함성이 터졌다.

만델라는 민족회의 본부를 요하네스버그 중심가로 옮겼다.

민족회의의 불복종 저항운동을 경찰은 집요하게 방해하였다.

동지들을 잃고

만델라는 1993년 큰 시련을 겪었다.

흑인들의 우상이자 민족회의 옛 참모장인 크리스 하니가 살해를 당하고, 평생의 동지인 탐보가 세상을 떠난 것이다.

탐보가 사망한 것은 사람은 나이가 들면 죽는 것이라 어쩔 수 없는 일이었지만, 하니가 살해당한 사건은 엄청난 충격이었다.

탐보는 만델라와 가장 두터운 우정을 지닌 사이였다. 만델라가 감옥에 갇혀 있을 때 인도에서 네루상의 인권 부문 수상자로 만델라를 선정하였는데, 그때 시상식에 탐보가 대신 참석하여 상을 받아오는 등 각별한 사이였다.

그러나 하니는 안타깝게도 살해되었다. 폴란드에서 아프리카로 이민 온 극단주의자인 젊은이가 그를 살해한 것이다. 그런데 역시 이민 온 아프리카너 여성이 범행 차량의 번호를 적어 놓아

살인자가 체포되었다. 만델라는 자기가 가장 존경하던 하니가 살해되자 크게 분노했다.

"편견과 증오로 가득한 이 살인자를 법정에서 엄격하게 다스려주기 바란다. 이제 해야 할 일은 남아프리카 사람들은 어디에 있건 단결해야 한다. 하니는 우리들의 인권을 찾고자 싸우다가 목숨을 잃었다. 하니의 정신을 지키는 일은 바로 우리 모두를 위한 자유를 쟁취하는 것이다."

만델라는 하니의 장례식에서 비장한 음성으로 추도사를 하였다. 그 추도사는 무척 감동적이었다.

"그리스의 철학자 플라톤은 사람을 금, 은, 납으로 분류했다. 하니의 눈부신 지혜, 뜨거운 온기 속에 녹아드는 인간애, 충성심과 헌신 속에 가득한 금과 같은 존재였다. 나는 그를 한 인간으로 사랑하고 또 대장으로서 존경하였다."

만델라는 아파르트헤이트를 철저히 파괴시키는 일은 참으로 멋진 일이라고 자신감을 가졌다. 그것은 파국이 아니라 새로운 건설이라고 생각하였다. 그런 과정에는 혼란스러운 사태가 따를 수밖에 없었다.

02 노벨평화상의 영광

민주화에 기념비 세워

1993년 6월 3일, 만델라는 남아프리카공화국 민주화에 영원히 사라지지 않을 찬란한 기념비를 세웠다. 그 기념비는 흑인들도 투표할 수 있게 하여 인종차별 정책을 없애는 바탕을 세운 것이다.

"아프리카공화국 역사상 처음으로 1994년 4월 27일 1인 1투표제 선거를 실시한다."

이렇게 밝혀 놓은 임시 헌법이 발표된 것이다. 이로써 흑인 인종차별 정책이 와르르 무너져 내리면서 폐지되는 단초가 마련되었다.

1993년 겨울, 만델라는 데 클레르크 대통령과 함께 1인 1투표제 선거 실시를 결정한 공로로 노벨평화상을 받았다.

이는 군대와 경찰을 동원하고 지휘한 정권에 맞서 비폭력으로 대항하다가 무력 투쟁으로 바꾸어 싸운 인종차별 철폐주의자로 서는 예상도 못 했던 영광이었다.

만델라는 노벨평화상 수상자로 선정되었을 때 이렇게 말하였다.

"나는 정부를 상대로 흑인 인종차별 철폐운동을 전개하는 과정에서 무력 투쟁까지 한 일이 있기 때문에 노벨평화상의 영광을 꿈도 꾸지 않았다."

흑인 인종차별에 반대한 만델라는 처음에 무력을 사용하지 않고 평화적으로 시민 불복종 저항운동을 폈다.

그러나 1960년 3월 21일, 통행증 제도에 반대하는 흑인 1만여 명이 샤프빌 경찰서로 몰려가자 당황한 경찰서장은 경찰관 75명에게 군중들을 향해 발포하라는 명령을 내렸다.

흑인들은 놀라서 물러섰지만 경찰은 흩어지는 흑인들을 향해 계속 총을 쏘아대는 바람에, 어린이와 여성들을 포함해 수많은 사람이 죽거나 다치고 체포되는 끔찍한 유혈 사태가 일어났다.

더구나 민족회의에도 모든 행동을 중지하라는 금지령을 내렸다.

그래서 만델라는 그때까지의 비폭력 평화시위 운동을 중단하고, 무력 투쟁운동으로 방향을 바꾸었던 것이다.

만델라는 이 사건으로 체포되어 감옥에 갇혔다.

그런 까닭에 세계 평화에 기여한 사람들에게 주는 신성한 노벨 평화상을 받을 자격이 없다고 스스로 솔직하게 고백하였다.

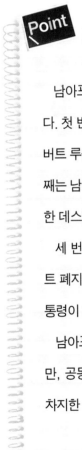

남아프리카의 노벨평화상 수상자

남아프리카 사람에게 노벨평화상을 수여한 경우는 세 차례 있었다. 첫 번째 노벨평화상 수상자는 흑인들의 자유를 위해 투쟁한 엘버트 루툴리 아프리카 민족회의 의장으로 1960년에 받았고, 두 번째는 남아프리카 교회평의회 의장으로 역시 인종차별 정책에 반대한 데스먼트 투투 주교가 1984년에 수상하였다.

세 번째는 흑인들을 격리시키는 인종차별 정책인 아파르트헤이트 폐지와 1인 1투표제 실시를 성공시킨 만델라와 데 클레르크 대통령이 1993년에 공동 수상한 것이다.

남아프리카에서 노벨평화상 수상자가 탄생한 것은 세 차례이지만, 공동 수상자가 있어 사람으로는 4명이 노벨평화상의 영예를 차지한 것이다.

노예로 시달린 흑인들

흑인 인종차별은 흑인 노예제도로 거슬러 올라간다. 아프리카 흑인들은 16세기부터 흑인 노예제도로 시달림을 받아왔다. 백인들이 아프리카를 식민지로 만들어 다스리면서 흑인들을 차별하였다.

대규모 농장이나 광산 등에서는 노동력이 필요했으나 노동자를 충분히 확보할 수가 없었다. 그래서 글을 배우지 못한 가난한 흑인들을 노예로 만들어 마구잡이로 쓰기 시작하면서 흑인 노예제도가 생겨났다.

더구나 백인들이 흑인들을 노예로 부려 먹다가, 다른 백인에게 팔아 버리는 일이 생기면서 노예제도는 더욱 심해졌다.

드디어 남아프리카 백인 정부에서 아파르트헤이트라는 인종차별 정책을 실시하면서 세계의 이목을 끌기 시작하였다. 이에 따라 인종차별 정책에 맞선 흑인들의 불복종 저항운동도 거칠어졌다.

하지만 흑인과 백인의 갈등이 가장 심각하게 불거진 곳은 아프리카 대륙을 넘어 미국이었다. 미국은 남부의 목화 농장에서 필요한 인부들이 부족하자, 아프리카 흑인 노예를 사들여 일꾼으로 삼았다.

그뿐만이 아니라 아프리카에서 흑인들을 마구잡이로 붙잡아 미국으로 팔아넘기는 인신매매가 극성을 부렸다. 흑인을 노예로 팔고 사는 일이 무역처럼 공공연하게 이어졌다.

"흑인을 노예로 팔아서는 안 된다."

미국 사회에서도 노예해방운동이 고개를 들기 시작하였다.

제16대 링컨 대통령 1809~1865년은 흑인 노예해방을 강력하게 주장하였다.

결국, 노예해방 문제를 둘러싸고 미국서 남북전쟁이 벌어진 것이다. 노예해방을 외치는 북부 군대와, 노예제도를 폐지할 수 없다는 남부 군대가 전쟁을 일으켰다. 이것이 미국의 '남북전쟁'이다.

전쟁은 북군의 승리로 끝났고, 링컨 대통령이 1863년 1월 1일 노예해방을 선언하면서 미국에서는 흑인 노예제도를 철폐시켰다.

그러나 아프리카에서는 흑인 인종차별이 계속되었다. 이에 맞선 대표적인 사람이 남아프리카공화국의 만델라다.

만델라는 백인 정부에서 시행하는 아파르트헤이트를 철폐하라면서 시민 불복종 저항운동을 이끌었고, 그 운동을 성공시켰다. 그 공로로 노벨평화상을 받았다.

값진 선물에 감사

만델라는 노벨평화상을 받고, 환호하는 민중들을 향해 손을 흔들어 답하고 감격에 찬 목소리로 연설하였다.

"이 큰 상의 영예에 대해 나의 동포이자 노벨상 동지인 데 클레르크 대통령에게 감사드립니다. 이제 우리는 아파르트헤이트라는 악의 굴레에 대항하여 평화로운 투쟁을 성공적으로 이끌어온 모든 분에게도 경의를 표합시다.

나는 전쟁, 폭력, 인종주의, 억압과 탄압, 그리고 모든 국민의 빈곤을 가져오는 사회 제도에 대항하여 용감하게 들고 일어난 수백만 명을 대신하여 오늘 이 자리에 섰습니다.

아프리카 대륙 남쪽 끝단에서 자유, 평화, 인류의 기쁨을 위해 모든 것을 희생하면서 전 인류의 이름으로 고통받았던 사람들은 유례가 없는 보상, 그 가치를 헤아릴 수 없을 만큼 값진 선물을 받게 되었습니다.

정치범이라는 개념이 존속되고 인권 유린이 계속되는 일을 결코 더는 용납해서는 안 됩니다.

평화로운 교체로 이르는 길이, 비열한 목적을 달성하기 위해 인민들의 모든 권리를 앗아가려는 찬탈자들에 의해서 또다시 방해받아서는 안 될 것입니다."

03 통쾌한 승리

난생처음 투표한 흑인들

1994년 4월 27일, 남아프리카공화국의 흑인들은 태어나서 처음으로 투표를 하는 기쁨을 누렸다. 그날 흑인들은 아침부터 어린아이들처럼 들떴다. 투표 장소로 나가 투표용지 한 장씩을 받기 위해서 길게 줄을 늘어섰다.

"난생처음 하는 투표라 마음이 두근거려요!"

"이제야 사람 구실을 하게 되어 너무 기뻐요!"

투표를 하기 위해 길게 늘어선 흑인들의 모습은 승리의 기쁨이었고, 지구촌 사람들에게 새로운 기억으로 남았다.

만델라는 그날의 감정을 뒷날 자서전에 이렇게 기록했다.

"서로 다른 방향으로 총을 쏘아대는 서른여섯 개의 분파들이 있었다."

1인 1투표제를 실
시하기까지 이루 말
할 수 없을 만큼 수많
은 고난을 겪어 왔음
을 표현한 것이다.

| 첫 투표를 하기 위해 줄을 서고 있는 흑인들

그로부터 2주일째
되는 5월 10일, 남아프리카공화국에는 유별나게 찬란한 축복의
태양 빛이 쏟아졌다. 그 뜨거운 태양 아래서 흑인들은 새 나라 아
프리카가 탄생되는 축제를 펼쳤다.

최초의 흑인 대통령 취임

자신들이 투표로 승리하고 자신들을 이끌어준 넬슨 만델라가
대통령으로 취임하는 극적인 무대가 펼쳐진 것이다. 국가 원로들,
고위 인사들, 수많은 흑인이 운집하여 축하하는 무대, 지구촌에서
10억 명의 텔레비전 시청자들이 중계방송을 지켜보는 가운데 만
델라가 대통령으로 취임하는 감격의 무대였다.

만델라는 대통령 취임 연설을 통해 "꿈에 그리던 나라를 만들
겠다."라고 약속하였다.

"크나큰 재앙으로부터 인류 전체가 자랑스러워할 사회가 탄생하였습니다! 아파르트헤이트의 폐허 위에 꿈에 그리던 모두를 위한 집을 세우겠습니다."

하늘에서는 제트 비행기, 헬리콥터, 군 수송기가 질서를 완벽하게 유지하면서 멋진 에어쇼로 대통령 취임을 축하하는 곡예비행을 하였다. 더욱 감동스러운 장면은 장군들이 각종 훈장으로 요란하게 장식한 제복 차림으로 지난날 반역자로 여겼던 만델라에게 충성을 맹세하는 장면이었다.

이로써 남아프리카공화국은 그 지긋지긋하던 아파르트헤이트에서 벗어나, 민주주의 국가로, 국민 모두가 주권자가 되는 나라로 새롭게 태어났다.

| 연설하는 넬슨 만델라

새나라 대통령으로 취임한 만델라는 평생을 바쳐 싸워온 흑인 인종차별주의를 철폐하는 일에 손을 댔다. 흑인들에 대한 인종차별 정책을 없애는 과정에서 만델라는 참으로 위대함을 보여주었다. 보통 사람들이 당연하게 여기는 보복을 전혀 하지 않았던 것이다.

"왜 흑인들이 백인들로부터 당해온 인종차별과 핍박에 대한 보복을 생각하지 않았을까?"

만델라 대통령과 남아프리카 민족회의 지도자들의 관점은 다르지 않고 같았다.

'진실과 화해위원회'를 만들고 백인들이 저지른 과거의 인권침해 범죄 사례에 대한 진실을 밝히고, 그 내용에 따라 가해자들을 구별하여 처리하였다. 이러한 방침은 만델라 대통령의 심장에서 나왔고, 남아프리카 민족회의 지도자들의 가슴에서 나왔다.

그리고 이렇게 명문으로 밝혀 놓았다.

"우리는 가해자들을 용서한다. 하지만 그들의 만행을 결코 잊어서는 안 된다."

그때 만일에, 가해자들을 절대로 용서할 수 없다거나 용서해서는 안 된다는 생각을 하였거나, 흑인들이 당했던 것처럼 너희도 한 번 당해 보라고 하였다면, 남아프리카공화국은 엄청난 내란에 빠져들었을지도 모른다고 역사는 기록하였다.

만델라 대통령은 진정한 자유와 평화를 원했고, 자신에게 주어진 대통령으로서의 소임에 충실하였다.

과거 흑인 인권차별 정책을 주도적으로 시행하였던 중심 인물인 백인들과 주변 사람들에게 대부분 사면 처분을 내렸다. 그러자 사면을 받은 백인들 역시 스스로 잘못을 뉘우치며 죄책감에 시달렸다.

사면을 받은 한 백인은 이렇게 회고하며 절규하였다.

"흑인들이 감격스럽게도 나를 천만번 용서하여 주었다. 하나님이 나를 용서한다 해도 나는 이 고통스러운 지옥에서 벗어날 수 없고, 또 모든 사람이 천만번 나를 용서한다 해도 나는 지금 찢어지도록 아픈 마음을 달랠 길이 없다. 문제는 나의 머릿속에 나의 양심에 있기 때문이다."

그 백인은 자신의 머리를 폭파시켜 달라고 애원하였다.

"나의 머릿속에, 그리고 나의 기억 속에 지옥이 있기 때문이다."

이 한 마디 절규는 남아프리카공화국의 아파르트헤이트가 흑인들에게 얼마나 가혹하고 혹독하였는지 더 설명할 필요가 없지 않을까?

04 민족 화해의 큰 별

아름다운 은퇴

1995년《자유를 향한 머나먼 여정》을 출간한 만델라는 남아프리카공화국의 첫 흑인 대통령으로 나라의 기반을 다시 세우는 일에 열정을 바쳤다.

그러나 대통령 만델라에게는 좋은 일, 신나는 일만 있는 것은 아니었다. 골치 아픈 일들이 더 많았다. 그 가운데서도 두 가지 큰 과제가 만델라를 괴롭혔다. 바로 부패와 범죄였다.

많은 백인은 이 두 가지를 해결하지 못한다며 대통령을 공격하였다.

"부패를 내버려 두는 것은 대통령이 무능한 탓이다!"

첫 번째 두통거리 부패는 새로운 현상이 아니라 오랫동안 계속되어 온 일이다. 그런데도 백인들은 그 잘못을 만델라에게 돌리려 했다. 더구나 백인 정부 때부터 남아프리에서는 어떤 일이든 공공사업을 시작하려면 뇌물 없이는 손도 댈 수 없는 나라로 국제 사회에서 널리 소문난 곳이다.

두 번째 골칫거리 범죄도 아파르트헤이트의 슬픈 유산이다. 흑인들이 펼치는 불복종 저항운동에 맞서기 위하여 경찰과 군인들이 몇십 년 동안 흑인 불량배들을 유혹하는 한편, 만델라 축구 클럽 등 불량 단체를 독려하고 국민회의 지도자들을 암살하도록 지원하면서 벌어지고 뿌리가 깊어진 일이다.

특히 이들 불량배들에게 무기를 지니도록 허용하고, 법을 무시한 행동을 거침없이 하도록 조장하였다. 그들은 인간의 소중한 생명도 아랑곳하지 않았고, 사람을 죽이는 연습도 거침없이 자행하였다. 그런 일에 아내마저 유혹당해 깊숙이 관여하고 있다는 말을 감옥에서 여러 번 들은 만델라는 무척 고민하였다.

만델라는 범죄 집단과의 전쟁을 강력하게 외쳤다.

"범죄 집단은 법을 무시한다. 그들의 행동은 동물적 본능 탓이다. 법을 어긴 자는 용서할 수 없다. 그들과의 싸움은 필연적이다."

사실 남아프리카에서는 범죄율이 매우 높았다.

전국적으로 1년에 2만 건 이상의 살인 사건이 발생하였고, 요하네스버그는 세계에서도 치안이 가장 불안하고 위험한 도시로 꼽혔다.

흑인들은 요하네스버그 거래소에 상장된 기업들 가운데 3%도 참여하지 못할 정도로 따돌림을 당했다. 더구나 이 도시에서는 인종 간의 결혼도 1%를 넘지 못하였고, 에이즈는 54세에서 48세로 낮아지고 사망하는 환자 수도 줄지 않았다. 그만큼 어려운 상태였다.

만델라는 개혁 정치를 계속 펴나갔다. 백인과 흑인 간의 공교육 투입 예산도 아파르트헤이트 때의 10대 1에서 5대 1로 줄이고 문맹률도 50% 이하로 줄였다.

이와 함께 경제적인 개혁도 강력하게 단행하였다. 하지만 오래된 잘못된 관행을 하루아침에 바로 잡는다는 것은 절대 불가능하다는 것을 만델라는 잘 알고 있었다.

그렇다고 독재를 하거나 강압적 통제를 하지 않고 순리대로 풀어나갔다.

대통령에 취임한 지 3년째 접어든 1996년 봄, 자신을 배신하고 3년 동안 별거해 온 위니와의 이혼 수속을 밟는 한편, 새로운 민주주의를 향한 헌법을 만드는 일을 지휘하였다.

아파르트헤이트를 없애 버리는데 힘쓴 만델라는 남아프리카 개발공동체 의장으로서, 민주주의를 거부하는 아프리카의 이웃 나라인 스와질란드와 잠비아에 대한 제재를 제안하는 아픔도 겪었다.

"유엔 밖에서 행동하는 나라, 자신의 이익을 위해 독재하는 나라는 어느 나라이건 비난받아 마땅하다."

1997년 12월 민족회의 전당대회에서 의장의 자리를 부통령인 터보 음베키에게 물려주어 또 한 번 뜨거운 환영을 받았다.

대통령 임기를 1년 남겨 놓은 1998년 그레사 마셀 여사와 황혼 결혼식을 올렸다.

새로운 민주주의 나라로 남아프리카공화국을 만들고 1999년 6월, 대통령직에서 퇴임하였다.

퇴임하는 날 즉석 퇴임 연설에서 자신의 심정을 털어놓았다.

"나는 대통령궁에서 물러갑니다. 작은 일거리를 찾아갈 것입니다. 그런 까닭은 한가한 늙은이들은 종종 실수를 저지르기 쉽기 때문입니다."

그 뒤 1999년 2월 5일 국회에서 정계를 떠나는 마지막 은퇴 연설을 하였다.

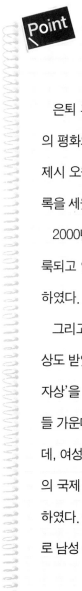

《만델라 전기》집필

　은퇴 후 《만델라 전기》를 집필한 만델라는 스포츠를 통한 인류의 평화와 화해를 증진시킨 공로로 국제육상경기연맹이 주관하는 제시 오웬스상을 받았다. 이때 정계를 완전 은퇴하는 아름다운 기록을 세웠다.

　2000년 1월 19일 국제연합 안전보장이사회에서 세계평화가 이룩되고 인종차별이 지구촌에서 영원히 사라지기를 바라는 연설을 하였다.

　그리고 미국인권박물관으로부터 국제자유상을 받았다. 특이한 상도 받았다. 색다른 상은 국제여성협회로부터 '20세기 세계 지도자상'을 수상한 것이다. 이 상은 해마다 탁월한 업적을 남긴 여성들 가운데서 수상자를 뽑아 '올해의 국제 여성상'을 수여하는 것인데, 여성이 아닌 남성이 상을 받은 것이다. 그래서 상 이름도 '올해의 국제 여성상'이 아니라 '20세기 세계 지도자상'으로 바꿔 시상하였다. 국제여성협회에서 이 상을 제정한 이래 45년 만에 처음으로 남성 수상자가 탄생한 것이다.

그뿐만이 아니다. 3·1운동 때 독립선언서 초안을 다듬고 민족 대표 33인으로 활동했던 만해 한용운 스님의 독립 애국정신을 기려 한국에서 제정한 제8회 2004년 만해대상 평화부문상도 받았다.

전립선암이 발견되어 7주간의 방사선 치료를 받았던 만델라는 2005년 1월 7일 전처 위니와 사이에서 태어난 아들 마카토 만델라가 에이즈에 의한 합병증으로 사망했다는 비극적인 사실을 공개하였다.

89회 생일을 맞은 2007년 7월, 은퇴한 세계 지도자들의 모임인 세계원로회의를 만들었다. 이 모임에는 미국 대통령을 지낸 지미 카터, 유엔 사무총장을 지낸 코피 아난, 중국 외교부장 출신인 리자오싱 등 지구촌에 큰 영향을 끼치는 지도자들이 모두 들어 있다.

유네스코 친선대사로 봉사하면서, 2010년 6월 11일 남아프리카 공화국에서 열린 월드컵 축구대회 개회식에 참석할 예정이었으나, 개막식 하루 전날 증손자가 교통사고로 사망하여 참석을 포기하는 대신에 영상 메시지를 보냈다.

그러나 폐회식에는 참석하여 선수와 국민들을 격려하여 뜨거운 환호를 받았다. 그날 이후 만델라는 공개적으로 모습을 나타내지 않았다.

넬슨 만델라 대통령이 1995년 럭비 월드컵에서 우승한 남아공 럭비 대표선수단 주장 프랑수아 피에나르에게 우승 트로피를 건네고 있다. 이 장면은 흑인과 백인의 화합을 보여주어 많은 관심을 받았다.

05

협상의 리더십

01 검은 대륙에 찬란한 빛

위대한 승리자

만델라는 검은 대륙 아프리카에 한 줄기 찬란한 빛을 띄운 영원한 스승이자 위대한 승리자이다.

그는 역사의 한 페이지를 장식한 위대한 성인聖人이 아니고 혁명가도 아니며, 군인도 아니었으며 영웅은 더더구나 아니었다.

그러면서도 역사 속에 살아 있는 훌륭한 지도적 인물이다. 여기에 인간 만델라의 매력이 담겨 있다.

만델라는 정의감에 넘치는 민중의 지도자였다. 옳다고 생각하는 이념이나 목표를 향해 줄기차게 전진하고 그 일을 이루어낸 사람이다.

어느 누구도 인간의 자유와 가치를 위한 여러 가지 일들, 용기와 지혜, 열정과 인내, 그리고 용서와 화해를 하지 못한 일들을 역경과 고통 속에서 해낸 사람이다.

타고난 지도자, 노련한 정치가로서 정치를 마치 예술처럼 드라마처럼 전개하였다.

자기의 행동이 어떤 결과를 가져올 것인가를 미리 세심하게 계산하고 냉정하게 판단하면서 실천해 나아갔다.

백인들의 잔악한 흑인 인종차별에 맞서 싸우면서 불확실한 미래를 생각하면서도 끝까지 밀어붙이는 강한 추진력을 지녔다.

더구나 만델라는 총칼을 휘두른 영웅이거나 힘으로 싸우는 투사가 아니라, 머리로 싸워 승리한 지략가였다.

탄생 신화도 특별하지 않다. 추장의 아들, 그것도 첫째 부인이 아닌 넷째 부인에게서 태어났다. 하지만 섭정의 양아들이 되어 궁정에서 어린 시절을 보내며 정규 교육을 받았다. 보통의 아프리카 흑인들이 꿈도 꿀 수 없는 그런 특혜를 누린 것만은 틀림없는 사실이다.

그는 보통 흑인들처럼 험난한 인생의 길을 걸었다. 그러면서도 흑인들의 지도자로서 자신의 일생을 바쳤다.

가정적으로는 아내에 대한 복이 없었다. 신혼여행에서 돌아와 감옥으로 들어가 종신 감옥살이를 하는 남자에게 자신의 일생을 맡길 여성이 어디 있겠는가? 아내의 마음이 멀어지는 것은 당연한 일이다.

감옥을 자택처럼 여기며 살아온 만델라는 두 번의 결혼과 이혼을 하였고, 대통령이 된 후 세 번째 결혼하였다.

하지만 뛰어난 협상 능력으로 백인 정부 당국자들의 끈질긴 유혹에 맞서 정면으로 도전하면서 자신의 의지를 관철시킨 남자였다.

흑인들에게 자유를 선물

그렇게 살면서 흑인들의 인권 옹호에 앞장서고 드디어 흑인들에게 투표권을 주고 그 힘으로 대통령이 된 뒤 백인과 흑인 간의 갈등을 치유하고 평화적으로 민주주의를 이룩하였다.

쉽고 편한 인생의 길을 갈 수 있었던 변호사 만델라는 자신의 행복을 흑인들에게 바치고 어렵고도 힘든 고난의 길을 걸었다.

그 점이 인간 만델라의 위대한 승리이자 영웅적인 일생으로 역사의 한 페이지를 장식한 것이다.

만델라는 흑인들에게 자유를 선물한 지도자가 되었다. 그의 석방은 개인적인 자유를 되찾은 것에 머물지 않고 남아프리카 흑인들이 인권과 자유를 되찾는 전환점이 된 것이기 때문이다.

만델라는 27년 동안의 억울한 감옥살이를 이렇게 적었다.

"비록 일흔한 살이 되어 자유의 몸이 되었다. 하지만 나는 내 인생이 이제 막 새롭게 시작되는 것을 느꼈다. 나의 9,855일 동안의 감옥살이는 이제 끝났다."

그동안 남아프리카의 흑인과 아파르트헤이트에 비판적인 국제 사회에서 넬슨 만델라의 투쟁을 하나의 위대한 시민운동이라며 높이 평가하였다.

감옥에서 나온 만델라는 자유의 몸이 되어 처음으로 떠나는 외국 여행지를 프랑스 파리로 정하였다. 인권과 자유의 상징적인 광장처럼 여겨지는 파리를 가보고 싶었기 때문이다.

이미 프랑스 파리에서는 크리스티앙 뒤파비용이 만델라를 초청하기로 결정하고 환영 준비를 서둘렀던 것도 프랑스를 첫 여행국으로 선택한 이유 중의 하나다.

그가 파리 에펠탑 광장 앞 환영식장으로 들어설 때 바람이 불고 비가 내렸다. 해가 질 무렵인데 수많은 사람이 우산을 들고 나와 아프리카의 만델라를 열렬하게 환영하였다. 만델라는 우산을 쓰고 환영하는 수많은 인파를 위해 뜨거운 연설을 하였다.

"여러분! 감사합니다. 남아프리카의 새로운 체제가 어떤 형식을 갖게 될 것인지는 아직 확실하지 않습니다. 하지만 여러분의 절대적인 지원이 필요합니다. 아파르트헤이트의 마지막 추종자들에 대한 압력을 계속해 주셔야 우리는 자유로운 민주국가가 될 수 있습니다."

우산이 바다를 이룬 물결 위로 떠오른 커다란 게시판에 글씨가 나타났다.

"만델라를 따르자!"

"지원을 계속하자!"

만델라는 두 손을 번쩍 들어 흔들면서 환호하는 군중들에게 답례하였다. 하얀 옷을 입은 100명의 관현악단이 에펠탑의 환한 조명 아래서 남아프리카의 저항가 노래를 연주하고 가수가 만델라의 시를 노래로 불렀다.

이어서 프랑수아 미테랑 프랑스 대통령이 환영 연설을 하였다. 그는 한 달 전에 남아프리카공화국 대통령 프레데릭 데 클레르크를 만나 만델라의 석방을 강력하게 권유했던 사람이다.

프랑스 대통령으로서 남아프리카 흑인 지도자 만델라의 석방을 위해 상당한 노력을 기울인 사람이기도 하다.

"만델라 당신은 한 사람의 미약한 힘이 무엇을 할 수 있는지 보여준 거인입니다. 오늘 자유의 길 위에 선 당신은 당신을 죄수로 만들어 가두었던 사람들의 진정한 지도자입니다."

만델라도 감격의 답사를 하였다.

"마라톤에서 가장 힘든 것은 마지막 1km라고 합니다. 우리도 여기까지 힘들게 왔습니다. 우리는 끝까지 달려갈 것입니다. 아파르트헤이트에 대한 제재를 늦추지 말고 계속해 주시기를 간절히 바랍니다."

그리고 두 사람은 뜨거운 포옹을 하였다.

수많은 환영 인파는 뜨거운 박수로 응원의 마음을 보냈다.

만델라는 파리에 이어 유럽, 그리고 인도를 방문하는 여행을 계속하였다.

유럽과 인도 여행을 마치고 아프리카 대륙으로 돌아온 만델라는 이웃 나라 모잠비크에서 우연히 사모라 마셀 대통령의 미망인인 그라사 마셀 여사를 만났다. 만델라는 나중에 이 여인과 세 번째 결혼하였다.

여행에서 돌아온 만델라는 3월 2일 아프리카 민족회의 부의장으로 선출되어 사실상 민족회의를 이끌기 시작하였다.

6월에는 미국 의회에서 초청 연설을 통해 아프리카의 인종차별을 반대하여 온 민족회의 입장에 대해 설명하였다.

그해 8월, 만델라는 아프리카 민족회의가 무력 투쟁을 버리고 평화적인 불복종 저항운동으로 다시 돌아갈 것을 밝혔다.

02 어린이를 사랑한 대통령

"어린이를 행복하게"

만델라는 특히 어린이들을 사랑한 흑인 대통령이었다.

어린이들은 "가장 소중하고도 귀중한 사람들이다. 그들이 행복하고 건강하게 자라도록 해야 한다."라고 강조하였다.

그처럼 어린이를 사랑한 만델라의 어린이 예찬은 노벨평화상을 받은 뒤 밝힌 수상 연설 중에 그대로 담겨 있다.

"우리는 모두 평등하게 태어났고 각자가 삶, 자유, 번영, 인간의 존엄성을 가질 수 있는 사회, 공정한 정부에 대한 정당한 몫을 가질 수 있는 사회를 이룩해야 합니다.

이 노벨평화상은 모든 사회에서 가장 연약하고 우리의 귀중품 가운데서도 가장 값진 어린이들의 행복과 안녕을 기준으로 평가

될 것이고 또 그렇게 평가되어야만 합니다.

어린이들은 기아와 질병 때문에 더는 고통 받지 않으며, 무지하고 야만과 모든 형태의 나쁜 습관과 같은 재앙으로부터 위협받지 않으며, 이해력을 초월할 정도의 일거리에 종사하도록 강요받지 않으며 드넓은 초원의 들판에서 마음껏 뛰어놀 수 있어야만 합니다.

이 고귀한 청중들 앞에서 우리는 새로운 남아프리카가 어린이들의 생존과 보호와 발전에 관한 국제선언에 명시된 결정들을 중단 없이 지켜 나아갈 것이라는 약속을 드립니다.

이 상은 또한 어린이들과 그 부모의 행복과 안녕을 기준으로 평가될 것이고 또 그렇게 평가되어야만 합니다. 그들은 정치적 또는 물질적인 이유로 강탈당할 두려움 없이, 구걸 상태로 전락해 모욕당할 두려움 없이 이 땅에서 살 수 있어야만 합니다."

종달새 엄마의 슬픔

만델라가 민족회의에서 활동할 때의 일화이다.

올랜도의 한 농장에서 비밀 전투 요원들과 사격 연습을 하던 중에 나뭇가지에 앉아 있는 종달새를 표적으로 삼았다.

"만델라는 종달새를 맞히지 못할 거야."

"그렇고말고! 절대 못 맞힐걸!"

모두가 그렇게 말했다. 그 말이 끝나기도 전에 '탕! 총소리가 울렸고, 날아오르던 종달새가 나뭇가지에서 땅으로 떨어졌다. 만델라는 보란 듯이 종달새를 명중시킨 것이다.

"내 솜씨가 어떤가?"

의기양양해서 한마디를 하였다.

"정말 훌륭한 명사수입니다."

동료들이 감탄하였다.

바로 그때 옆에 있던 농장 어린이가 뜻밖의 말을 하였다.

"왜 종달새를 죽였죠? 종달새 엄마가 슬퍼할 거예요."

"애야, 정말 그렇구나!"

만델라는 어린이의 말을 듣는 순간 너무나 놀라면서, 참으로 이상한 상황에 부딪혔다.

만델라는 이를 '미묘한 충격'이라고 표현하였다. 그때의 '미묘한 충격'으로 생명의 고귀함을 다시 생각하게 되었다.

그 결과, 비밀 전투 계획에 대해 사보타주, 게릴라전, 테러, 공개적 혁명 등 네 가지의 폭력 행위를 생각해 보았다.

사보타주는 일을 하되 시간 때우기로 능률을 올리지 않는 노동 저항이고, 게릴라전은 백인 본부를 예고 없이 갑자기 공격하는 기습 작전이다. 테러는 폭력으로 백인 정부를 공격하는 것이며, 공개적 혁명은 정정당당하게 맞서 흑인들의 의사를 전달하며 투쟁하는 방법이다.

우선 군대를 운용할 자금이 필요했다. 그 자금을 모으기 위해 아프리카 여러 지역을 돌아다녔다. 한편으로는 영국 런던을 다녀오고, 본격적인 군사훈련도 실시하였다. 그러나 백인 정부의 집요한 추적에 계속 숨어서 활동할 수가 없었다.

결국, 몇 명의 동지들과 함께 체포되었다. 정치범이라는 죄명으로 동료들과 함께 재판을 받고 종신형으로 감옥으로 들어간 것이다.

"사형을 면했다! 일단 목숨은 건졌으니 투쟁할 기회가 생길 것이다."

만델라는 그나마 종신형을 다행스럽게 생각하였다. 목숨이 붙어 있는 한 적어도 투쟁의 불길을 꺼버릴 수 없다는 생각 때문이다.

감동의 메아리

만델라의 어머니는 만델라가 어릴 때에 종종 '아프리카 민화' 이야기를 아들에게 들려주곤 하였다.

어머니가 들려준 민화 이야기의 줄거리는 무척 감동적이다.

"병든 여인이 지나가는 여행자에게 도와달라고 손을 내밀었단다. 눈곱이 덕지덕지 낀 여인을 본 여행자는 여인의 간절한 요청을 외면한 채 눈길을 피해 그냥 가버렸어.

조금 뒤 그 여인은 또 다른 여행자에게 자신의 흉물스러운 눈곱을 닦아 달라고 부탁했지. 그 여행자는 마음이 썩 내키지는 않았지만, 여인의 눈곱을 닦아 주었단다. 그 순간 여인의 추한 모습은 감쪽같이 사라지고 젊고 아름다운 여인으로 변하였단다.

'아! 놀라워라. 이렇게 아름다운 젊은 여인으로 변하다니요?'

'오호! 그대의 덕이라오!'

여인은 눈곱을 닦아 준 여행자와 결혼해서 부자가 되어 잘 살았단다."

만델라는 어머니가 들려준 이야기를 어른이 된 뒤에도 잊지 않았다. 그냥 그대로 한 편의 동화처럼 머리에 남아 있었다.

아름다운 행실과 미덕, 너그럽게 베푸는 마음은 우리들이 알지 못하는 사이에 보답으로 돌아온다는 교훈이다.

만델라는 어릴 적에 어머니가 들려준 민화의 여행자처럼 남아프리카공화국 흑인들의 더러운 눈곱을 손수 지극정성으로 닦아 준 지도자였다. 흑인들의 권리와 인권, 그리고 자유를 위해 투쟁하다가 감옥에 갇혔던 몸이지만, 흑인들을 억누른 백인들을 용서하고 화해의 슬기를 보여준 아름답고 훌륭한 지도자였다.

만델라는 이런 말을 하였다.

"내가 언제부터 정치에 관심을 갖게 되었고, 또 언제부터 흑인 인종차별 철폐와 자유를 위한 투쟁에 일생을 바치겠다고 결심했는지 정확히 기억할 수는 없다.

나도 흑인이다. 남아프리카에서 흑인으로 산다는 것은 태어나는 순간부터 그런 인식 여부에 상관없이 정치화될 수밖에 없음을 의미한다."

만델라는 남아프리카 민족회의 지도자로, 또 의장으로 흑인 인종차별 반대운동에 평생을 바쳤다. 인종차별 철폐에 대한 그의 생각은 너무나 확고하고 분명하였으며 강력하였다.

"남아프리카에서 태어나는 흑인은 태어나는 순간부터 자유를 위한 투쟁을 숙명적으로 지니고 태어나 그렇게 일생을 살아가야 되는 것처럼 여겼다. 이는 아주 잘못된 생각이다. 흑인들을 차별하는 거대한 정권과 투쟁하기 위해서는 조직이 필요하다."

만델라는 남아프리카공화국 대통령으로 당선되기 전에 '아프리카 민족회의' 지도자로서 백인 정권의 인종차별 정책인 아파르트헤이트에 맞서서 반대하는 운동을 이끌었다.

대통령이 된 뒤, 흑인들에게 인종차별 정책을 폈던 백인 정부의 관계자들을 용서하고 그들과 화해하는 큰일을 해냈다.

백인들은 인종차별 시절 흑인들이 인종차별 반대 투쟁을 한다고 하여 국가 반역자로 몰아 세워 화형을 시키거나 총살시키는 등 잔악한 방법을 일삼았다.

만델라는 남아프리카공화국의 민족회의 지도자들을 탄압한 국가 폭력 가해자들을 용서해준 통 큰 지도자였다. 그리고 아파르트헤이트 시절의 국가 폭력에 희생된 피해자들의 숭고한 정신을 영원히 기억하도록 배려한 큰 뜻을 비석에 새겨 놓았다.

만델라는 오랜 세월 남아프리카공화국을 분열시킨 인종차별 정책을 평화적으로 종식시킨 위대한 정치가로 기록되어 있다.

언론에 대해서도 거침없이 자기의 뜻을 밝혔다.

"비판적이고 독립적이며 탐사적인 보도는 민주주의의 활력소다. 언론은 정부의 간섭으로부터 자유로워야 한다. 언론은 정부 관리에 맞설 수 있을 정도의 경제적 능력을 갖춰야 한다. 언론은 기득권 세력으로부터 충분히 독립적이어야 한다. 언론은 헌법의 보호를 누려야 한다. 그래야 언론이 시민 사회에서 우리의 권리를 보호할 수 있다."

이 말은 그가 생전에 언론을 향해 거침없이, 그리고 솔직하게 한 말로 유명하다.

만델라는 지도자의 덕목에 대해서도 날카롭게 주문하였다.

"진정한 지도자는 긴장을 완화하기 위해 열심히 노력해야 한다. 민감하고 복잡한 문제를 대할 때는 더욱 그렇다. 긴장된 상황이 계속되면 일반적으로 극단주의자들이 행세를 하고 사회는 불안해 지며 국민들은 극단주의 세력에 맞서게 되며 감정이 이성적인 생각을 밀어내는 경향이 생긴다."

갇혔던 감방을 방문한 대통령

만델라는 대통령이 된 후 자기가 갇혔던 감방을 방문하였다. 종신형으로 이 감옥으로 들어와 받았던 자기의 죄수 번호 카드를 다시 보았다.

'46664 만델라.'

너무나 또렷하다. 대통령 만델라는 '죄수 만델라'의 옛날 카드를 보는 순간 말할 수 없는 감회에 잠겼다. 참으로 만감이 교차되는 순간이었다. 그때의 저주스러운 죄수 번호가 이제는 자유와 인간 구원의 표상으로 인류 사회에 역사적 기록으로 남아 있다.

성공적으로 대통령직을 수행한 만델라는 평민으로 돌아온 뒤에도 영향력 있는 지도자로서 인류의 자유와 평화, 그리고 인권을

| 대통령이 된 뒤, 수감되었던 감옥을 방문한 넬슨 만델라

소중히 여기는 일에 발 벗고 헌신하다가 세상을 떠났다.

흑인들의 인권을 위해 싸우는 투사로 뛰어다니다가 감옥에 들어가 인권을 몽땅 빼앗기고, 대통령이 되어서는 흑인을 탄압하던 백인들을 용서하고 화해의 미소를 보냈던 위대한 정치가였다.

만델라는 두 개의 이름을 지녔다. 아버지가 지어준 아프리카 이름 롤리흘라흘라, 그리고 영국식 이름인 넬슨 만델라이다. 그런데 아프리카 흑인들은 물론, 지구촌 사람들도 '넬슨 만델라'라는 이름을 더 좋아했다.

'롤리흘라흘라'는 코사족이 즐겨 쓰는 '말썽꾸러기'라는 뜻이다. 그러나 많은 사람들은 '롤리흘라흘라'라는 이름도 좋지만 이름이 너무 길고 발음하기도 어렵다며, '만델라'가 부드럽고 부르기 쉽고 더 친근감이 간다며 만델라를 즐겨 불렀다.

03 런던을 울려준 46664 콘서트

에이즈 퇴치 기금 마련 위해

에이즈 퇴치 기금 마련을 위해 런던에서 '46664 콘서트'가 열렸다.

"콘서트 이름이 46664라고, 무슨 뜻이지?"

"만델라의 죄수 번호를 그대로 붙인 것이란다."

만델라에게 46664는 저주의 숫자이다. 몇몇 감옥으로 이송되면서 27년 동안 감옥살이를 하였는데, 특히 로번 섬의 감옥에서만 18년간 갇혔다.

그때 '466/64'라는 죄수 번호를 받았다. 이는 1964년에 로번 섬에 수감된 466번째 죄수라는 뜻이다.

46살에 종신형을 선고받은 정치범으로 감옥살이를 하게 되어 저주의 숫자로 여긴 것이다.

만델라는 런던에서 자기의 죄수 번호를 내걸고 에이즈 퇴치 기금 마련을 위해 연 '46664 콘서트'를 무척 감동 깊게 여겼다.

그때 콘서트는 "만델라 당신의 46664, 삶의 1분을 에이즈에"라는 이름으로 에이즈 퇴치 기금 모금을 위해 진행하였다.

이 콘서트가 수많은 관중의 마음을 사로잡으며 뜨거운 감동을 안겨주었고, 많은 사람이 눈물을 흘리게 하였다.

에이즈는 남아프리카 흑인들을 괴롭히는 무서운 질병이다. 인체면역 결핍 바이러스라는 병원균이 면역 기능을 파괴시켜 에이즈를 일으키는 것이다. 만델라도 감옥에 갇혀 있을 때 에이즈에서 자유로울 수가 없었다. 그래서 법무장관이 만델라에게 신선한 과일과 올리브 오일을 먹도록 특별 당부하기도 하였다.

의사협회에서도 만델라에게 에이즈에 주의하도록 당부하였다. 그러나 만델라는 이렇게 말했다.

"에이즈는 우리나라에선 전쟁이다. 에이즈는 역사상 그 어떤 전쟁보다도, 우리가 겪었던 그 어떤 자연 재앙보다도 많은 희생자를 내었다. 에이즈 퇴치는 오늘날 우리가 꼭 해결해야 할 최대 과제이다."

| 46664 자선 콘서트에 참석한 넬슨 만델라

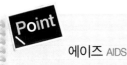

에이즈 AIDS

1981년 미국에서 발견되어 보고된 후천성면역결핍증 질병.

1985년 4월 조지아 주 애틀랜타에서 개최된 제1회 에이즈연구

회에서 처음으로 의학적 개념이 정립되었다.

감염 경로의 특수성과 감염되면 그 결과가 아주 나쁘다는 것이

밝혀졌다. 또 환자 수도 급증하고 있어 세계적인 관심을 모으는 현

대적 최대 관심을 끄는 질병이다.

세계보건기구는 현재 세계 160여 나라에서 100만 명 이상의 환

자가 있으며, 감염자는 무려 2,000만 명을 넘어섰다고 추산하고

있다.

04 파란만장한 95세 생애

UN 본부서 '만델라의 날' 행사

몸이 몹시 쇠약해진 만델라는 2012년 12월 8일 폐렴으로 수도 프리토리아 병원에 입원하여 치료를 받았다.

2013년 4월 6일 증상이 호전되어 퇴원하였다. 그러나 2013년 6월 상태가 악화되었고, 감염이 재발되어 6월 8일 다시 입원하여 병원에 누워 있었다.

그로부터 보름 후에 남아프리카 대통령궁에서 만델라가 위독한 상태에 빠졌다고 발표하여 국민들을 안타깝게 하였다.

그 뒤 다시 안정을 찾았다. 병원에서 95번째 생일을 맞았다.

"헤드폰을 착용하고, 텔레비전을 보고 있으며, 웃음도 가끔 보였어요."

그의 병세를 딸이 전했다.

만델라의 95번째 생일에 맞춰 2013년 7월 18일 국제연합 본부에서 '넬슨 만델라의 날' 행사를 열고 만델라의 공적을 기리는 것과 함께 그의 건강 회복을 기원하였다.

만델라는 남아프리카공화국 민주화의 상징이었다.

그는 요하네스버그 자택으로 돌아와 조용히 보내다가 2013년 12월 5일 눈을 감았다. 그가 서거한 뒤 요하네스버그 축구경기장에서 열린 만델라 전 대통령 추도식에는 100명에 가까운 각국 정상과 10만 명에 이르는 인파가 참석하였다.

추도식에 참석한 정상들은 역대 최대 규모로 기록되었다.

세계가 함께 애도한 추도식에는 반기문 유엔사무총장, 버락 오바마 미국 대통령, 지우마 호세프 브라질 대통령 등이 참석하여 추도 연설을 하였다.

만델라의 증손자의 추도사에 이어, 제이 컵 주마 남아프리카공화국 대통령의 기조연설, 이반 아브라함스 주교의 설교가 이어졌다.

모든 사람들이 만델라 전 대통령의 떠나는 길을 애도하고 그의 공적을 눈물로 추모하였다.

남아프리카공화국 정부는 애도 성명을 통해 만델라의 추도식에 참석한 모든 사람에게 감사의 뜻을 전했다.

"만델라 타계를 애도하고 그의 삶을 기리는 자리에 참석한 모든 지도자와 유명 인사, 각국 대표들을 따뜻이 환영한다."

만델라의 추모식 및 장례식은 국장國葬으로 치러졌다.

| 만델라 장례식에서 추모 연설하는 반기문 유엔사무총장

부록

◆ 흑인 노예제도와 인종차별

흑인 노예제도

흑인은 세계에 존재하는 인종 중 하나로, 현재 주로 아프리카와 아메리카 지역에 거주한다.

미국은 1863년까지 흑인에 대한 노예제도가 실시되었다. 제1차 세계대전 이후 병원, 열차, 버스, 이발소, 수도꼭지 이용에까지 흑백 인종을 상당히 구분하는 제도가 시행되었다.

백인이 주도하던 인종차별은 20세기 후반 들어 흑인을 비롯한 소수자들의 거센 저항에 직면했다. 지금은 흑인들의 인권과 권리가 많이 향상되어 흑백 차별이 없다.

역사적 배경

미국 역사에서 흑인은 백인과 함께 북미 대륙에 상륙했다. 아프리카에서 흑인들을 붙잡아 노예로 수입해 면화 재배와 농사에 투입하였다. 흑인 노예들은 임금을 주거나 계약 종료로 새 사람을 구할 걱정도 없었다. 일종의 종신 노예 신분이었다.

남부 백인 사회에서 노예를 토지, 집, 가축과 함께 재산의 일부로 취급하여 매매는 물론 재산 상속의 중요한 항목으로 여겼다.

흑인 인종차별

인종차별은 노예 체제를 지속하려던 노력의 산물이다. 흑인에 대한 차별, 억압, 편견, 부정적인 이미지는 모두 이러한 체제를 유지하기 위해 만들어지고 지속된 것이다. 흑인을 소작인 신분으로 면화 생산에 묶어 놓으려는 백인 사회의 인종차별은 20세기 초반까지 이어졌다.

남아프리카공화국 백인 정부는 17세기부터 1993년까지 아파르트헤이트를 내세워 백인을 옹호하고 흑인을 차별하였다. 1970년대에 가장 심했다. 흑인 증명서를 가지지 않은 흑인에게는 재판 없이 강제로 농장의 노예가 되는 현상도 있었다.

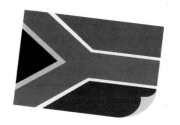

◆ 남아프리카공화국

- 면적 : 122만 ㎢ 세계 25위, 한반도의 약 5.5배

- 인구 : 4,860만 명 2013년 통계, 세계 26위

- 수도 : 프리토리아 행정 수도

- 통화 : 란드 Rand

- 공영어 : 아프리칸스어, 영어

- 나라꽃 : 프로테마

아프리카 대륙 최남단에 있는 나라. 약칭 '남아공'이라고 한다. 수도는 행정, 입법, 사법부가 각기 다르다. 행정 수도는 프리토리아, 입법 수도는 케이프타운, 사법 수도는 블룸폰테인이다.

동서·남북으로 각각 약 1,600km에 이른다. 동쪽과 동북쪽으로 모잠비크·스와질란드, 서북쪽으로 나미비아, 북쪽으로 보츠와나·짐바브웨와 닿아 있다. 동남쪽은 인도양, 서남쪽은 대서양이다.

독립국인 레소토가 영토 안에 있다.

다채로운 지형과 뛰어난 자연경관, 문화적 다양성으로 유명하다.

백인들의 인종차별 정책인 아파르트헤이트 정책이 1994년에 법적으로 폐지되고, 1인 1투표제 선거로 흑인 만델라가 대통령에 취임하면서 인종차별 정책이 350여 년 만에 없어졌다.

주민들은 아프리카의 흑인, 네덜란드와 영국계의 백인, 인도에서 건너온 인도인, 각종 혼혈인종인 컬러드 등 4개 인종이 주류를 이룬다. 1652년 네덜란드의 동인도회사가 케이프타운에 들어가 식민지를 개설한 뒤 유럽 열강들의 식민지 쟁탈 지역이 되었다. 그러나 1814년 영국이 케이프타운을 점령하면서 네덜란드 사람들은 내륙 및 동해안 지방으로 이주하였다.

기름진 농경지, 풍부한 광산자원, 관광명소, 고도로 발전하는 지적 자본을 바탕으로 상대적으로 안정적인 혼합 경제를 향유하고 있다. 줄지 않는 범죄, 여러 인종 간의 긴장, 주택과 교육의 격차, 유행성 전염병, 에이즈 같은 풀기 어려운 문제들로 고민하는 나라이다.

　　다이아몬드와 금이 대량으로 발견되고 채굴되면서 제2차 세계대
전 이후 외국 자본이 급격하게 들어와 아프리카 대륙에서는 유일하
게 공업 산업국으로 크게 발전되었다.

　　남아프리카공화국은 1950년 6 · 25전쟁 때 유엔군으로 참전하였
고, 유엔총회에서 한국을 적극 지지하였다.

　　1992년 한국과 외교 관계를 수립하였고 1995년 만델라 대통령이
한국을 방문하여 정상회담과 교역 확대를 합의하였다.

| 1995년 7월 한국 방문 당시
넬슨 만델라 남아프리카공화국 대통령과 김영삼 대통령

◆ 만델라의 어록語錄

* 인종차별아파르트헤이트은 흑인을 열등하게 만들기 때문에 반대하고 저항한다.

* 비판적이고 독립적이며 탐사적인 보도는 민주주의의 활력소다. 언론은 정부의 간섭으로부터 자유로워야 한다.

* 언론은 헌법의 보호를 누려야 한다. 그래야 언론이 시민으로서 우리의 권리를 보호할 수 있다.

* 진정한 지도자는 긴장을 완화하기 위해 열심히 노력해야 한다. 특히 민감하고 복잡한 문제를 대할 때는 더욱 그렇다. 긴장된 상황이 되면 일반적으로 극단주의자들이 세를 불리고 감정이 이성적인 생각을 밀어내는 경향이 있다.

* 인생의 가장 큰 영광은 결코 넘어지지 않는 데 있는 것이 아니라 넘어질 때마다 일어서는 데 있다.

* 나는 대단한 인간이 아니다. 단지 노력하는 한 인간일 뿐이다. 나는 아무것도 한 일이 없다. 모두 내 안에 있는 열정이 한 일이다.

* 만약 다시 한 번 살 수 있다면 다시 같은 방식으로 살겠다.

* 세상의 모든 것은 원래 불가능하다. 그런데 누군가가 그것을 해내면, 그것은 가능한 것으로 바뀐다.

* 무엇을 가지고 태어났느냐가 아니라, 자기가 가진 것으로 무엇을 이루어내느냐가 중요하다. 그것은 사람들 간에 차이를 만든다.

* 나는 평생토록 아프리카인의 투쟁에 헌신해왔다. 나는 백인이 지배하는 사회에도 맞서 싸웠고, 흑인이 지배하는 사회에도 맞서 싸웠다.

* 나는 모든 사람이 조화롭고 평등한 기회를 갖고 함께 살아가는 민주적이고 자유로운 사회를 건설하는 이상을 간직해왔다.

* 나는 말을 결코 가볍게 하지 않는다. 27년간의 감옥살이가 내
 게 준 것이 있다면 그것은 고독과 침묵을 통해 말이 얼마나 귀
 중한 것이고, 말이 얼마나 사람에게 큰 영향을 끼치는지 알게
 됐다는 것이다.

* 죽음은 피할 수 없는 것이다. 한 사람이 태어나서 자신이 속한
 국민과 국가를 위해 해야 할 의무라고 생각하는 것을 다 마쳤
 다면 그는 평안하게 안식을 취할 수 있다. 나는 그런 노력을
 했다고 믿고 있고 그래서 영원히 잠잘 수 있을 것이다.

* 아름다운 나라에서 사람에 의해 사람이 억압받는 일이 결코,
 결코, 결코 다시 일어나서는 안 된다. 자유가 흘러넘치도록 하
 자.

◆ 세계 정상들의 애도

* "고인은 오랜 세월 남아공을 분열시킨 인종차별 정책을 평화
  적으로 종식시킨 위대한 정치가였다. 그 위대한 뜻이 세계 평
  화의 기틀이 되고 남아공 국민은 물론 전 세계인의 가슴에 오
  래 기억될 것이다." — 박근혜 대한민국 대통령

* "지구상에서 가장 영향력 있고 용기 있으며 매우 선한 인물 한
  명을 잃었다. 그는 영원히 기억될 것이다." — 버락 오바마 미
  국 대통령

* "현대사의 가장 위대한 정치인이다." — 푸틴 러시아 대통령

* "위대한 빛이 졌다." — 영국 캐머런 총리

* "만델라 전 대통령은 정의로운 거인이었고, 우리에게 감화를
  주는 소박한 사람이었다." — 반기문 유엔사무총장

* "아파르트헤이트 철폐 투쟁 운동으로 남아공과 전 세계 역사
  를 만든 우상이었다." — 프랑수아 올랑드 프랑스 대통령

* "이 위대한 지도자의 선례가 세계 각지에서 사회 정의와 평화
  를 위해 싸우는 이들에게 길잡이가 될 것이다." — 지우마 호
  세프 브라질 대통령

세계가 존경하는 인권 지도자

만델라 리더십

초판 1쇄 인쇄	2014년 7월 21일
초판 1쇄 발행	2014년 7월 25일

지은이 | 유한준
펴낸이 | 박정태
편집이사 | 이명수   감수교정 | 정하경
책임편집 | 김안나   편집부 | 전수봉, 위가연
마케팅 | 조화묵, 최석주   온라인마케팅 | 박용대, 김찬영

펴낸곳	BOOK STAR
출판등록	2006. 9. 8. 제 313-2006-000198 호
주소	파주시 파주출판문화도시 광인사길 161
	광문각 B/D 4F
전화	031)955-8787
팩스	031)955-3730
E-mail	Kwangmk7@hanmail.net
홈페이지	www.kwangmoonkag.co.kr
ISBN	ⓒ2014, 유한준
	978-89-97383-36-8 44040
	978-89-966204-7-1 (세트)
가격	12,000원